Das große Buch
der Sagen und Legenden für Kinder

Das große Buch der Sagen und Legenden für Kinder

Neu erzählt von Elke Leger

Illustriert von Anne Bernhardi

Anaconda

Die Deutsche Nationalbibliothek verzeichnet diese Publikation in der Deutschen Nationalbibliografie; detaillierte bibliografische Daten sind im Internet unter http://dnb.d-nb.de abrufbar.

Penguin Random House Verlagsgruppe FSC® N001967

Umschlaggestaltung: dyadesign, www.dya.de, unter Verwendung
einer Illustration von Anne Bernhardi
Satz und Layout: Andreas Paqué, www.paque.de
Druck und Bindung: Alföldi Nyomda Zrt., Debrecen
Printed in Hungary
ISBN 978-3-7306-0838-8
www.anacondaverlag.de

Inhalt

Das Riesenspielzeug

Im Vogesen-Gebirge in Frankreich erhob sich früher stolz die Burg Nideck. Sie war auf einem steilen Felsen gebaut, unter ihr rauschte ein wilder Wasserfall. Hier sollen früher freundliche Riesen gelebt haben.

Eines Tages, so erzählt man sich, stieg Anna, die Tochter des Burgherrn, zum ersten Mal in ihrem Leben den Berg hinab. „Ich möchte doch etwas mehr von der Welt sehen als immer nur unsere Burg", dachte das Riesen-Kind und stapfte hinab durch den Wald in Richtung des Städtchens Haslach. Warme Sonnenstrahlen fielen auf ihr Haar, im Wald roch es nach würzigen Kräutern und Laub. Das war doch viel schöner, als immer nur in der dunklen, kalten Burg zu sitzen! Noch nie hatte Anna sich so weit von Ih-

rem Zuhause entfernt. Aber sie war doch neugierig, was es da unten im Tal wohl zu sehen gab.

Nach einer Weile kam sie am Fuß des Berges an. Mit ein paar Schritten überquerte das riesige Mädchen die Flüsse und Wiesen, bis es schließlich zu einem Acker kam. Dort pflügte ein Bauer mit zwei Pferden das Feld. Bisher hatte Anna noch nie einen Menschen gesehen. Vor Freude klatschte sie in die Hände. „Wie niedlich", rief sie. „So ein kleines Männchen und so kleine Pferdchen! Das ist wirklich ein hübsches Spielzeug!" Anna kniete sich auf den Boden und stupste den Bauern leicht mit dem Zeigefinger an. Schon lag er auf der Nase. Neugierig betrachtete sie ihn. Dann nahm sie den kleinen Menschen zwischen Daumen und Zeigefinger und hob ihn hoch. Er war kaum größer als ihre Hand. Vorsichtig legte sie ihn in ihre Schürze. Auch die Pferde und den Pflug griff sie sich, stand auf und machte sich auf den Rückweg den Berg hinauf zur Burg Nideck.

Ihr Vater, der Burgherr, saß gerade beim Essen. Eben hatte er sich eine riesige Gabel mit einer ganzen Fuhre Möhren in den Mund gesteckt, als seine Tochter ins Zimmer stürmte. „Papa, sieh mal, was ich gefunden habe!" Ihre Augen leuchteten. „Da bin ich ja mal gespannt", sagte der Riese. Anna zog den Pflug aus der Schürze, dann die beiden Pferde und zum Schluss den Bauern und setzte alles auf den Tisch. „Schau mal, wie süß!", rief sie, als

der kleine Mensch versuchte fortzulaufen. „Das ist das schönste Spielzeug, das ich jemals hatte!“

Ihr Vater schaute sie ernst an. „Du kannst es nicht wissen“, sagte er, „aber das ist ein Mensch und kein Spielzeug. Und auch die Pferde sind lebendige Wesen. Du

darfst sie nicht einfach in die Tasche stecken und behalten!“ „Will ich aber!“, rief Anna und begann zu weinen. „Nimm es mir nicht weg, bitte!“ Der Riese nahm seine Tochter in den Arm. „Nicht weinen, mein Kind. Aber bring

nun alles dorthin zurück, wo du es gefunden hast." Er zeigte auf den kleinen Mann, der zitternd auf dem Tisch stand. „Die Menschen brauchen die Bauern und deren Tiere. Ein Bauer wie er sorgt dafür, dass sie etwas zu essen haben. Ohne ihn müssten sie verhungern. Willst du das?" Anna schüttelte den Kopf und schluchzte noch ein bisschen. Dann legte sie den Bauern, die Pferde und den Pflug vorsichtig in ihre Schürze zurück. Sie ging zum Burgtor hinaus, stapfte wieder den Berg hinab, bis sie zum Acker kam und gab dort dem Bauern und seinen Pferden die Freiheit. „Mach's gut!", rief Anna dem Bauern zu, der ihr fröhlich nachwinkte. „Vielleicht komm ich dich ab und zu mal besuchen!"

Der Rattenfänger von Hameln

In der Stadt Hameln an der Weser gab es vor vielen Jahren eine schlimme Rattenplage. Kein Haus und kein Hof war vor den Tieren sicher. Sie fraßen alles, was sie nur finden konnten. In den Scheunen knabberten sie das Korn weg, in den Küchen nagten sie am Brot und am Käse und Schinken. Sie fraßen und fraßen. Kein Keller, kein Dachboden und kein Schrank war vor den Nagetieren sicher. „Wenn das so weitergeht, müssen wir verhungern", meinten die Einwohner von Hameln. „Alles fressen uns die gemeinen Viecher weg!" „Und außerdem", meinten andere, „bringen uns die Tiere Krankheiten in die Stadt! Ach, wenn wir sie nur loswerden könnten!"

Eines Tages kam ein Fremder in die Stadt. Er sah seltsam aus. Sein Körper steckte in einem Anzug, der aus vielen

leuchtend bunten Flicken zusammengenäht war. Auf dem Kopf trug er eine spitze Kappe mit einer langen Feder. Schnell versammelten sich die Einwohner von Hameln um den wunderlichen Gast. „Wer bist du?“, fragten sie den Fremden. „Man nennt mich Bunting“, erwiderte der Mann. „Ich bin gekommen, um euch zu helfen. Denn ich habe gehört, dass es hier die eine oder andere Ratte gibt, von der ihr euch gern verabschieden würdet.“ „Unmengen von den Viechern gibt es hier“, meinten die Leute. „Wir können uns kaum retten vor den Tieren! Sie sind überall!“

Der Fremde nickte. „Was würdet ihr mir geben, wenn ich euch von der Plage erlöse?“, fragte er. „Du bekommst, was du willst!“, riefen die Menschen. „In der Stadtkasse sind genug Taler, um dich reich zu entlohnen! Wenn wir doch nur endlich von den schlimmen Tieren erlöst würden!“

Der Fremde zog eine kleine Flöte aus der Tasche und blies hinein. Ein schriller Ton erklang, gefolgt von einer wundersamen Melodie. Da kamen von allen Straßen und Plätzen, aus allen Ecken und Winkeln die Ratten herbei. Der Mann im bunten Anzug ging mit wiegenden, tänzelnden Schritten auf das Stadttor zu, und alle Ratten folgten ihm in einem langen

Zug. Bis zum Ufer der Weser zog der Fremde die Rattenschar hinter sich her. Dann stieg er in den Fluss, noch immer erklang die schrille Melodie. Die Ratten folgten ihm und verschwanden für immer im Wasser.

Bunting steckte seine Flöte in die Tasche und ging zurück in die Stadt. Auf dem Marktplatz hatten sich viele Menschen versammelt. „Ich habe meine Arbeit getan“, sprach er, „nun gebt mir meinen Lohn!“. Doch die Einwohner von Hameln hatten es sich anders überlegt. „Für ein bisschen Flöte spielen sollen wir unsere Stadtkasse plündern?“, meinten sie. „Und wer weiß – vielleicht ist es ja Zauberei, mit der

du uns von den Ratten befreit hast! Dafür bezahlen wir doch kein Geld!“ Der Rattenfänger sagte kein Wort. Er drehte sich um und verließ die Stadt. „Dem haben wir es gezeigt!“, sagten einige. „Der kommt nicht wieder. Gut, dass wir das Geld gespart haben!“

Einige Wochen später aber kehrte der Fremde früh am Morgen, als die meisten Menschen noch schliefen, nach Hameln zurück. Diesmal trug er keinen bunten Anzug, sondern war wie ein Jäger gekleidet. Auf seinem Kopf saß ein roter Hut. Wieder zog er seine Flöte aus der Tasche und begann zu spielen. Doch nun waren es nicht die Ratten, die er aus den Häusern lockte, sondern die Kinder. Alle Jungen und Mädchen, die in Hameln lebten, kletterten aus ihren Betten und liefen aus den Häusern, um dem Rattenfänger zu folgen. Wie verzaubert liefen sie dem Mann im grünen Anzug und seiner seltsamen Melodie hinterher, hinaus aus der Stadt. Ein junges Mädchen, das mit einem kleinen Kind auf dem Arm dem Zug in einiger Entfernung gefolgt war, beobachtete, was nun geschah. Sie sah, wie sich vor dem Rattenfänger ein Berg öffnete, in dem die Kinder verschwanden. Das Mädchen lief schnell zurück, um davon zu berichten. Da begannen die Menschen zu jammern und zu klagen: „Unsere armen Kinder! Wir müssen sie finden!“ Und sie schickten Boten aus, um die Mädchen und Jungen zu suchen. Aber vergeblich. Keines der Kinder wurde je wieder gesehen.

Die Schildbürger

Vor vielen Jahren soll es in Deutschland eine Stadt gegeben haben, die Schilda hieß. Die Menschen, die dort lebten, nannten sich die Schildbürger. Sie waren für ihre Klugheit auf der ganzen Welt bekannt, und viele von ihnen holte man in ferne Länder, um dort die Leute zu beraten. So kam es, dass immer weniger Menschen in Schilda lebten. Diejenigen aber, die in ihrem Städtchen geblieben waren, konnten bald die ganze Arbeit nicht mehr allein bewältigen. „Wer soll denn unsere Häuser bauen und die Kühe melken? Wer löscht das Feuer, wenn es bei uns in Schilda mal brennt? Und wer macht uns gesund, wenn wir krank sind“, fragten sie. „Wir müssen unsere Leute zurückholen. Sonst können wir hier nicht mehr weiterleben!“ So schrieben sie Briefe an ihre Mitbürger im Ausland und baten sie, nach Schilda zurückzukehren.

Alle folgten dieser Bitte. Aus nah und fern trafen sie in ihrer Heimat ein. „Wir sind gern zu euch zurückgekom-

men“, sagten sie. „Aber wie soll es denn jetzt weitergehen? Was ist, wenn wir wieder um Rat gebeten werden? Wir können es doch nicht ablehnen, wenn man uns um Hilfe bittet!“ Da hatte einer der Schildbürger, er hieß Hannes, eine Idee. „Wir werden doch nur um Rat gefragt, weil wir so schlau sind. Stimmt's?“ „Ja, stimmt!“, sagten die anderen. „Und wenn wir nicht schlau wären, würden uns die Menschen auch nicht um Rat fragen. Stimmt's?“ „Stimmt!“, sagten die anderen. „Darum sollten wir uns in Zukunft dumm stellen“, meinte Hannes. „Dann haben wir unsere Ruhe und können gemütlich hier in Schilda bleiben.“ Alle nickten. „Gute Idee“, meinten sie. „Aber wie schaffen wir es, nun plötzlich dumm zu werden?“ „Wir müssen ein bisschen üben“, meinte Hannes. „Fangen wir damit doch gleich an! Lasst uns ein Rathaus bauen!“ „Oh ja“, riefen die anderen. „Ein schönes, großes Rathaus können wir gut gebrauchen!“

So begannen sie zu zimmern und zu mauern und zu streichen, und nach einer Weile stand in Schilda ein prächtiges Rathaus. Alle Einwohner der Stadt bewunderten es sehr. Erst besahen sie es sich von außen, dann drängten sie sich durch die Tür, um es auch von innen zu betrachten. Aber leider gab es hier nichts zu sehen. Denn es war stockdunkel in den Räumen. „Wie kommt es, dass es hier drinnen finster ist, wo doch draußen die Sonne hell scheint?“, fragten sie sich. Alle zuckten mit den Schultern. Da meldete sich Han-

nes zu Wort. „Wo es dunkel ist, fehlt einfach Licht! Wir müssen draußen die Sonnenstrahlen einfangen“, meinte er. „Nehmt euch Säcke und große Tüten und folgt mir!“ So machten sie es. Alle Schildbürger liefen über die Straßen und Plätze und hielten ihre Tüten weit geöffnet, um ganz viel Sonnenschein darin zu sammeln. Einige hatten auch Eimer und Kannen dabei, um sie mit Licht zu füllen.

In diesem Moment kam zufällig ein junger Wanderer vorbei. Er blieb stehen und sah sich lachend an, wie sich die Schildbürger abmühten, Licht in ihr Rathaus zu bringen. „So geht das doch nicht!“, rief er schließlich. „Nicht ein einziger Sonnenstrahl wird hinein gelangen. Aber ich weiß Rat für euer dunkles Rathaus. Wenn ihr mich gut bezahlt, sage ich euch, was ihr tun müsst!“ „Du sollst einen guten Lohn für deinen Rat bekommen“, riefen die Schildbürger. „Ganz einfach“, sagte der Wandersmann mit leiser, geheimnisvoller Stimme. „Wenn draußen die Sonne scheint, müsst ihr das Dach abdecken. Falls es euch zu hell wird, legt ihr die Dachziegel wieder drauf.“ „Das ist genial!“, riefen die Schildbürger und überreichten ihrem Ratgeber einen dicken Beutel mit Geld. Er nahm seine Belohnung an sich und verschwand schnell aus dem Städtchen.

Nun begannen die Schildbürger, das Dach ihres Rathauses abzudecken. Und wirklich: Je mehr Ziegel sie abhoben, umso heller wurde es in den Räumen. „Das war ein guter Rat!“, meinten sie. Und nun nahmen sie jeden Morgen die

Ziegel vom Dach und legten sie wieder drauf, wenn ihnen die Sonne zu heiß auf die Köpfe schien.

Doch bald war der Sommer vorbei und der Herbst zog ins Land. Es wurde stürmisch, und eines Tages begann es wie aus Kübeln zu regnen. Klitschnass saßen die Schildbürger in ihrem Rathaus und niesten. Schnell legten sie die Ziegel aufs Dach. Aber nun war es wieder so dunkel, dass sie die Hand vor Augen nicht sahen. Ratlos standen sie in ihrem Rathaus. Da zeigte Hannes plötzlich auf einen kleinen Spalt in der Wand, durch den ein wenig Tageslicht in die Räume fiel. „Seht mal!“, rief er, „jetzt weiß ich, was wir brauchen!“ Verwundert sahen sich die Leute an. Was konnte es nur sein, das ihnen Licht in ihr Rathaus bringen konnte? Aber dann begannen sie zu verstehen. Einer nach dem anderen bekam leuchtende Augen. „Fenster! Wir haben die Fenster vergessen!“ Im Nu hatten sie Hacken geholt, brachen Löcher ins Mauerwerk, und schon strahlte das helle Tageslicht hinein. Wie sich die Schildbürger da freuten!

Eines schönen Tages kam ein Bote nach Schilda. „Krieg!“, rief er, „es ist Krieg! Bald werden die Soldaten kommen!“ Die Bürger von Schilda erschraken. Soldaten, das wussten sie, kamen in die Häuser und nahmen alles mit, was sie gebrauchen konnten. „Wir müssen wenigstens die wertvollen Dinge retten!“, meinte einer der Schildbürger namens Moritz. „Alles, was uns lieb und teuer ist, lasst uns verstecken!“ So machten sie es. Zum Schluss blieb nur noch die

große Glocke übrig, die oben im Kirchturm hing. Die war besonders wertvoll, denn das Läuten zeigte zu jeder Stunde an, wie spät es im Städtchen war. Lange standen die Schildbürger vor der Kirche und überlegten. Wo konnte man die große Glocke denn bloß verstecken? „Vielleicht ein riesengroßes Loch graben?", fragte einer und sah unsicher in die Runde. „Bis wir damit fertig sind, sind die Soldaten längst hier", sagte der zweite. „Nein, wir verstecken sie im Apfelbaum und decken Zweige darüber!" „Auch keine gute Idee", meinte ein dritter Schildbürger. „Die Zweige sind viel zu schwach für die schwere Glocke. Sie würden sofort abbrechen!" Da meldete sich Moritz zu Wort. „Was ist mit dem See? Wir könnten sie doch im See versenken!" „Der See! Ja, der See! Da ist unsere Glocke sicher!" riefen sie durcheinander und freuten sich über das gute Versteck.

Zwei starke Schildbürger stiegen in den Kirchturm hinauf und schleppten die Glocke die Treppe hinab. Dann trugen sie sie bis zum Ufer des kleinen Sees, an dem sich ein Boot in den Wellen wiegte. Mit vereinten Kräften hoben sie die Glocke ins Boot und ruderten mit ihrer schweren Last los, bis sie an eine besonders tiefe Stelle des Gewässers kamen. Dort stießen sie die Glocke über den Rand des Bootes, und sie versank in den Fluten. Schon wollten sie zurückrudern. „Halt!", schrie da einer von ihnen. „Wir müssen uns doch merken, wo sie ist, damit wir sie nach dem Krieg wiederfinden können!" Da zog der starke Fried-

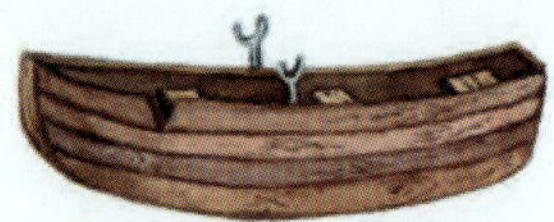

rich ein kleines Messer aus der Tasche und ritzte eine Kerbe in den Rand des Bootes. „Seht ihr?“, fragte er. „So können wir die Stelle jederzeit wiederfinden!“ Alle nickten, und sie ruderten zufrieden zum Ufer zurück.

Zum Glück kam der Krieg nicht nach Schilda. Es gab kein Kämpfen und kein Plündern und kein Soldat ließ sich sehen. Da holten die Schildbürger ihre Schätze aus den Verstecken. Und einige von ihnen setzten sich in das Boot, um die große, schöne Glocke zurückzubringen. Wieder ruderten sie auf den See hinaus. „Halt!“, rief der starke Friedrich plötzlich. „Hier ist es!“ „Das kann nicht sein“, meinte Moritz, „das ist doch viel zu nah am Ufer!“ Also ruderten sie weiter. Da fiel der Blick eines der Schildbürger auf den Rand des Bootes, wo sich die Kerbe befand. „Aber hier ist es wirklich“, meinte er. Die anderen schüttelten den Kopf und ruderten weiter. Immer wieder rief einer von ihnen „Hier ist die Stelle!“, und einige Meter weiter schrie ein anderer: „Nein! Hier!“ So ging es fast eine Stunde lang. Denn die Kerbe fuhr ja mit dem Schiff mit. So kam es, dass die schöne Glocke von Schilda noch heute im See liegt und die Schildbürger seitdem nicht mehr wissen, wie spät es ist.

Die Sage von Kaiser Barbarossa

Am Rand des Kyffhäuser-Gebirges in Thüringen kann man noch heute eine Höhle besichtigen, die einen ganz besonderen Namen trägt: die Barbarossa-Höhle. Sie erinnert an eine Sage, die man in dieser Gegend gut kennt. Es ist die Geschichte von Kaiser Friedrich dem Ersten, den man Barbarossa nannte. Das bedeutet auf Italienisch „roter Bart".

Barbarossa, so erzählte man sich, war ein kluger und gerechter Kaiser. Durch einen Zauber wurde er in ein Schloss unter der Erde verbannt. Dort sitzt er auf einem Thron aus Elfenbein und schläft. Den Kopf mit der goldenen Krone hat er in die Hände gestützt. Er schläft dort schon so lange, dass sein roter Bart durch den Tisch ge-

wachsen ist und sich schon zweimal um die Stuhlbeine geschlungen hat.

Alle hundert Jahre erwacht der Kaiser, zwinkert mit den Augen und fragt: „Fliegen die Raben noch um den Berg?“ Ein Zwerg, der seinen Schlaf bewacht, steigt dann zur Erdoberfläche hinauf und sieht nach. Und jedes Mal kommt er mit der Botschaft zurück: „Ja, Herr Kaiser, sie fliegen noch! Noch immer gibt es Krächzen und Flügelschlagen über dem Kyffhäuser-Gebirge.“ „So muss ich noch einmal hundert Jahre schlafen“, seufzt dann Barbarossa, schließt die Augen und nickt wieder ein. So lange wird er schlafen, bis ein Adler erscheint und die Raben vertreibt, die früher als Vögel des Unglücks galten. Erst dann werden die Menschen friedlich miteinander leben. Dann kann der Kaiser sein unterirdisches Schloss verlassen und auf die Erde zurückkehren.

Peter und der Klabautermann

Viele Sagen und Geschichten erzählen vom Klabautermann, dem guten Geist der Seeleute. Wie ein kleiner, dicker Mann soll er aussehen, mit roten Wangen und Augen so blau wie das Meer. Er ist wie ein Matrose gekleidet, trägt weite weiße Hosen und auf dem Kopf einen schwarzen Schlapphut. Aber auch in einem roten Anzug mit roter Mütze soll er sich manchmal gezeigt haben. In einer Hand trägt er einen Hammer, wie ihn die Matrosen zum Reparieren ihres Schiffes benutzen, in der anderen eine Pfeife, die er genüsslich schmaucht. In allen Ländern, die an die Nordsee und die Ostsee grenzen, kennt man den Klabautermann.

Auf der Insel Helgoland lebte einmal ein junger Mann, sein Name war Peter. Er war bitterarm, selbst sein kleines

Häuschen musste er verkaufen, um leben zu können. Doch auch dieses Geld war bald aufgebraucht. Keinen Cent hatte er in der Tasche. Was sollte er nun tun? Wo konnte er bleiben? Da beschloss er, auf einem Schiff anzuheuern und Seemann zu werden, so wie sein Vater, als der noch gelebt hatte. Er schnürte ein Bündel mit den wenigen Sachen, die ihm geblieben waren, und lief zum Hafen hinunter. Dort lag ein großes englisches Handelsschiff vor Anker. Peter sah den Kapitän, der vor seinem Schiff stand und beobachtete, wie die Waren ausgeladen wurden. „Können Sie einen fleißigen Matrosen brauchen?“, sprach Peter ihn an. Der Kapitän nickte. „Tüchtige Leute kann ich immer gebrauchen!“ So kam es, dass Peter auf dem großen Segelschiff anheuerte. Schon wenige Tage später waren neue Waren geladen, und los ging die Fahrt über die Nordsee in Richtung England.

Peter stellte sich als Matrose recht geschickt an, denn sein Vater hatte seinen Sohn von Zeit zu Zeit mitgenommen, wenn er zur See fuhr. Dadurch hatte Peter einige Erfahrung gewonnen. Er fühlte sich wohl auf diesem Schiff. Wie schön war es, wenn der Wind die Segel blähte und das Schiff pfeilschnell durch die Wellen pflügte, sodass die weiße Gischt hoch aufspritzte! Der Kapitän und seine Mannschaft mochten den neuen Matrosen gern, denn er konnte tüchtig zupacken und hatte ein freundliches, nettes Wesen.

Mit Peter war ein Klabautermann an Bord gegangen. Der gute Geist flickte die Segel und reparierte die Planken auf

dem Deck, und wenn es irgendwo ein Loch gab, dann dichtete er es ab, damit kein Wasser eindringen konnte. So kam das Schiff mit seiner Besatzung glücklich im Hafen von London an. Die Männer luden die Waren aus. Nach wenigen Tagen sollte das Schiff den Anker lichten und er-

neut in See stechen. Doch kurze Zeit nachdem der Kapitän seinen Fuß auf festen Erdboden gesetzt hatte, wurde er krank. Die Seeleute machten sich große Sorgen um ihn. Jeden Tag besuchte ihn jemand von ihnen, um nachzusehen, wie es ihm ging. Die Krankheit wurde jedoch schlimmer und schlimmer, und schließlich starb der alte Seemann.

Ein neuer Kapitän ging im Hafen von London an Bord. Er war kein guter Mensch und hatte einen schlimmen Ruf. Darum suchten sich die Matrosen andere Schiffe, auf denen es freundlicher zuging. Peter aber blieb auf dem Schiff, denn er war fremd in London und wusste nicht, wo er sonst Geld verdienen könnte.

Andere Matrosen heuerten auf dem Schiff an. Seine neuen Kameraden waren böse und gemeine Menschen. Voller Sorge wartete Peter darauf, dass der Anker gelichtet wurde. Afrika war das neue Ziel des Schiffes. Würde die Fahrt glücklich verlaufen? Würden der Kapitän und seine Mannschaft ihm nicht das Leben schwer machen? Und würden sie überhaupt sicher in Afrika ankommen?

Die Fahrt ging gut voran. Doch die Matrosen waren faul, brutal und frech und versuchten oft, Peter Streiche zu spielen. Sie ärgerten sich, dass er ein so tüchtiger und freundlicher Seemann war. Doch jeder Streich missglückte. Versuchte jemand, Peter zu verprügeln, bekam er selbst die Hiebe ab. War da Zauberei im Spiel?

Afrika war fast erreicht, als sich plötzlich der Wind legte. Kein Lüftchen bauschte die Segel. Ganz still war es auf dem weiten Meer. Schließlich zeigte sich am Horizont eine kleine weiße Wolke, die rasch näher kam. „Verdammt", rief der Kapitän, „ein Sturm steigt auf!" Die Wolke färbte sich schwarz. Sie wurde größer und größer und hatte bald den ganzen Himmel bedeckt. Ein Blitz zuckte durch die Dunkelheit. Er traf den großen Mast, sodass er umknickte wie ein Streichholz. Krachender Donner folgte. Ein Wind kam auf, der rasch zu einem wütenden Sturm wurde. Riesige Wellen packten das Schiff. Sie hoben es hoch in die Luft und ließen es wieder fallen. „Hilfe!", riefen die Matrosen. „Um uns ist es geschehen!" Eine Welle, so hoch wie ein Haus, türmte sich auf. Das Schiff wurde in die Luft gehoben und stürzte dann tief aufs Meer hinunter. Krachend brach es auseinander. Dann versank es mit Mann und Maus. Kaum war das Schiff in den Wellen verschwunden, legte sich der Sturm. Glatt und friedlich lag das Meer in der Dunkelheit.

Was aber war mit Peter geschehen? Er hatte gesehen, dass der Klabautermann von Bord gesprungen war, bevor das Schiff in zwei Teile brach. Und ohne dass er wusste, warum er es tat, war Peter ebenfalls ins Wasser gesprungen. Dann hatte er für eine Weile das Bewusstsein verloren. Als er wieder erwachte, fand er sich in einem Rettungsboot wieder. Neben ihm lag etwas zu essen und zu

trinken. Vorn im Boot stand der Klabautermann und nickte ihm freundlich zu. Dann verschwand er lächelnd.

Viele Tage ruderte Peter nun auf dem weiten Ozean. Kein Land war weit und breit zu sehen. Aber Peter hatte keine Angst. Er wusste, dass der Klabautermann ihn auch jetzt beschützen würde.

Eines Nachts merkte Peter, dass sein Boot an Land gespült wurde. In der Dunkelheit konnte er nicht sehen, wo er sich befand. So legte er sich noch ein Weilchen schlafen und wartete auf den Morgen. Endlich stieg die Sonne wie ein glühender roter Ball am Himmel empor. Peter sah sich um. Er rieb sich verwundert die Augen, er glaubte zu träumen. Denn was er sah, kannte er nur allzu gut. Ihm gegenüber lag die Insel Helgoland, seine Heimat. Der Klabautermann hatte dafür gesorgt, dass er hier gesund und sicher ankam. Peter weinte vor Freude und ruderte flink den Felsen seiner Insel entgegen. Doch wie staunte er, als er das Boot ans Ufer ziehen wollte! In den Wasserflaschen, die der Klabautermann ihm als Proviant mitgegeben hatte, glitzerten nun blanke Goldtaler. Die hatte der gute Geist vom gesunkenen Schiff gerettet und Peter zum Geschenk gemacht.

Er war nun ein reicher Mann, konnte sich ein eigenes Schiff kaufen und sorgenfrei leben. Den Klabautermann sah er nie wieder. Aber er wusste, dass der Geist immer in seiner Nähe war und gut aufpasste, dass ihm kein Leid geschah. Denn guten Menschen sind Klabautermänner treu.

Rübezahl, der Herr der Berge

Wo sich heute die Länder Polen und Tschechien befinden, gibt es ein hohes Gebirge, das man das Riesengebirge nennt. Dort soll vor vielen Jahren ein Berggeist gelebt haben. Er war groß wie ein Riese, man nannte ihn Rübezahl. Eine Sage erzählt, wie er zu diesem Namen kam.

Der Riese war der Herr der unterirdischen Welt und wachte streng über die Zwerge, die tief im Innern der Erde nach Schätzen gruben. Aber von Zeit zu Zeit verließ er die Tiefe und kam nach oben, um dort frische Luft zu atmen, den Sonnenschein auf der Haut zu spüren und die Vögel singen zu hören. Auch wollte er gern die Menschen kennenlernen, die dort im Riesengebirge lebten. Durch seine

Zauberkraft konnte er sein Aussehen ändern, und so ging er in Menschengestalt umher und suchte ihre Nähe. Bei einem Bauern nahm er eine Arbeit als Knecht an, er arbeitete auch als Schafhirte und als Helfer beim Gericht, aber niemals bekam er dafür den gerechten Lohn. Enttäuscht verließ er die Dörfer und Städte und wanderte lieber allein im Wald umher.

An einem heißen Sommertag kam er zu einem Wasserfall, unter dem sich ein kleiner See ausbreitete. Schon von weitem hörte er Stimmen und Gelächter. Leise schlich er sich heran und versteckte sich hinter einer Hecke. Am Ufer des Sees saßen einige junge Mädchen im Gras, die fröhlich miteinander plauderten. Eine von ihnen war von großer Schönheit. Sie trug prachtvolle Kleider, denn sie war eine Königstochter. Ihr Name war Emma.

Gebannt schaute Rübezahl aus seinem Versteck zu, wie Emma mit ihren Freundinnen lachte und scherzte. So viel Schönheit hatte der Berggeist noch nie gesehen. Er musste sie kennenlernen! Aber er hatte an diesem Tag noch nicht den Mut, sein Versteck zu verlassen und sich zu zeigen.

Jeden Tag kam er nun zu dieser Stelle und hoffte, Emma und ihre Freundinnen wiederzusehen. Und nach einigen Tagen kamen die Mädchen tatsächlich zurück. Aber wie staunten sie, wie es sich hier verändert hatte! „Wo ist denn der See?“, rief Emma. „Wo ist der wilde Wasserfall geblie-

ben?“, fragten die Freundinnen. Tatsächlich: Statt des wilden Wasserfalls plätscherte ein freundliches Bächlein den Berg hinab. Und wo der See gewesen war, gab es nun ein hübsches Wasserbecken aus Marmor, an dessen Rand die schönsten Blumen blühten. Neben dem Wasserfall öffnete sich eine Felsgrotte aus buntem Glas, das in der Sonne funkelte und glitzerte.

Das alles hatte Rübezahl gezaubert. Mit offenem Mund standen die Mädchen da und sahen sich den prächtigen Ort an. Schließlich erwachte die Prinzessin wie aus einem Traum. „Das ist so wunderschön“, rief sie. „Hier muss ich unbedingt baden, und zwar sofort!“ Und im Nu war sie ins Wasser gehüpft. Aber kaum hatte Emma das Wasser berührt, als sie auch schon versank. Ihre Freundinnen sahen noch einige kleine Wellen, dann war das Wasser ruhig und still wie zuvor. „Hilfe!“, riefen sie. „Emma, wo bist du?“ Aber sie bekamen keine Antwort. Die Königstochter war in der Tiefe des Wassers verschwunden. „Wir müssen ihren Eltern sagen, was passiert ist“, rief eines der Mädchen. Und sie rannten durch den Wald zum Schloss, wo die Königsfamilie wohnte. Dort berichteten sie, was sich zugetragen hatte. „Unsere Tochter!“, riefen die Eltern. „Unsere allerliebste Emma!“ Der König sattelte sein Pferd und ritt zu der Stelle, die die Mädchen ihm beschrieben hatten. Aber da war kein Marmor-Becken und keine Grotte aus Glas. Der König sah nur einen wilden Wasserfall und einen kleinen Bergsee. Der

Zauber des Berggeistes war vorüber. Traurig ritt er zu seinem Schloss. Was war nur mit seiner lieben Tochter geschehen?

Ja, was war passiert? Als sei unten im Wasser ein großer Magnet, war Emma in die Tiefe des Wassers gezogen worden. Irgendwann stießen ihre Füße auf Grund. Sie befand sich in einem prächtigen Garten. Vor ihr stand ein hübscher junger Mann, der ihr zulächelte und die Arme ausbreitete. „Willkommen in meinem Reich!“, sprach er. Das war Rübezahl, der Menschengestalt angenommen hatte. Er fasste die Prinzessin bei der Hand und führte sie durch die kostbaren Gemächer seines Schlosses. Am Abend, als sie müde wurde, geleitete der Geist sie in das allerschönste Zimmer in seinem Schloss, dort durfte sie in einem großen Himmelbett mit seidenweicher Bettwäsche schlafen.

Am nächsten Morgen bekam Emma ein herrliches Frühstück, dann zeigte ihr Rübezahl den Garten, der das Schloss umgab. Die schönsten Blumen blühten und dufteten hier, an den Bäumen hingen dicke Äpfel, die in der Sonne wie Gold schimmerten. Es gab auch einen Teil des Gartens, in dem Gemüse und duftende Kräuter wuchsen. Um den Rasen herum standen im Schatten Bänke, auf denen man sich ausruhen konnte, wenn man vom Spazierengehen müde wurde. Denn der Garten war so groß, dass die Füße schmerzten, bevor man auch nur die Hälfte von ihm gesehen hatte.

In den nächsten Tagen war Rübezahl sehr nett zu Emma. Er hatte sie so lieb gewonnen, dass er ihr alles schenkte, wo-

mit er ihr eine Freude machen konnte. Aber Emma war nicht glücklich. Sie vermisste ihre Eltern und die Freundinnen und sehnte sich nach ihrem Liebsten, dem Fürsten Ratibor, den sie später heiraten wollte. Die Prinzessin wurde stiller und lachte kaum noch, so sehr hatte sie das Heimweh

gepackt. „Warum bist du traurig?“, fragte Rübezahl. „Hast du hier nicht alles, was dir Freude macht?“ „Du hast recht“, erwiderte Emma. „Hier ist es sehr schön, und du bist sehr lieb zu mir. Aber doch fehlt mir etwas.“ „Sind es vielleicht deine Freundinnen, die du vermisst?“, fragte der Berggeist. Emma nickte schweigend. Da nahm Rübezahl einen Korb und ging hinaus aufs Feld. Hier zog er Rüben aus der Erde, bis der Korb ganz voll war, und brachte ihn zu Emma. „Nun musst du nicht mehr traurig und einsam sein“, rief er. Er gab ihr einen kleinen Zauberstab. „Berühre damit die Rüben, und schon verwandeln sie sich in lebendige Menschen, die dir Gesellschaft leisten können!“ Emma sah den Geist erstaunt an, nahm dann den Stab an sich und hielt ihn an eine der Rüben. Schon stand ein Mädchen vor ihr, das wie ihre beste Freundin aussah. Emma lachte vor Freude und berührte alle Rüben, eine nach der anderen, mit dem Zauberstab. Bald waren alle ihre Freundinnen um sie versammelt, sogar ein kleines Hündchen sprang um sie herum. Fröhlich liefen die Mädchen durch den Garten und das Schloss, und Emma zeigte ihnen die ganze Pracht und Herrlichkeit.

In den nächsten Wochen war alle Langeweile und Traurigkeit verflogen. Die Mädchen lachten und spielten miteinander, und Emma war so glücklich wie früher. Aber nach einiger Zeit merkte die Prinzessin, dass ihre Freundinnen stiller wurden. Auch ihre Gesichtsfarbe war nicht mehr so frisch wie früher. Es schien, als würden sie von Tag zu Tag älter und

kranker werden. Eines Tages sah Emma statt ihrer Freundinnen nur uralte Frauen, die mühsam auf Krücken liefen, und am nächsten Tag waren die Zauberwesen zu vertrockneten Rüben geworden. Wütend lief die Prinzessin zu Rübezahl. „Warum schenkst du mir etwas, das mir dann wieder weggenommen wird?“, fragte sie. „Sei mir nicht böse“, meinte der Geist. „Aber gegen die Macht der Zeit kann selbst ich nichts ausrichten. Ich bringe dir gleich neue Rüben!“ Und schon lief er hinaus aufs Feld. Doch nach ein paar Stunden kam er mit dem leeren Korb zurück. „Es ist Herbst“, sagte er geknickt. „Alle Rüben sind abgeerntet. Keine einzige konnte ich finden in meinem ganzen Reich!“ „Das heißt, ich muss wieder allein und einsam sein?“, rief Emma. Von nun an war sie wieder unendlich traurig. An nichts hatte sie Freude.

Die Monate vergingen. Und als endlich das Frühjahr kam und auf den Feldern wieder die Rüben wuchsen, hatte die Prinzessin eine Idee. Heimlich pflückte sie einige Rüben und verwandelte eine von ihnen in eine Elster. „Flieg zu Ratibor, meinem Liebsten“, sagte sie zu dem Vogel. „Sag ihm,

dass ich bald von hier fliehen werde. Er soll an der Waldquelle auf mich warten!“ Die Elster nickte kurz und erhob sich in die Luft.

Am nächsten Tag war Emma so nett und freundlich, dass Rübezahl meinte, sie habe ihn nun endlich auch lieb. So sagte er zu ihr: „Meine liebste Emma, ich merke, dass du gelernt hast, mich zu mögen. Darum möchte ich dich fragen, ob du meine Frau werden willst!“ Emma entgegnete: „Einen Tag lang will ich darüber nachdenken, dann bekommst du meine Antwort.“ Am nächsten Tag zog sie ihr schönstes Kleid an und schmückte sich mit goldenen Ketten und Ringen. „Ich will dich gern heiraten“, sagte sie zu dem Berggeist. „Aber vorher musst du mir noch beweisen, dass du alles für mich tust.“ „Natürlich!“, rief er. „Stell mich nur auf die Probe! Was soll ich tun?“ „Geh hinaus auf die Felder und zähle alle Rüben, die in deinem Reich wachsen. Denn sie sollen zu meinen Brautjungfern und Hochzeitsgästen werden. Aber verzähl dich nicht!“ Sofort rannte der Geist nach draußen und begann zu zählen. Endlich hatte er es geschafft. Um ganz sicher zu sein, zählte er die vielen, vielen Rüben noch einmal. Aber nun war das Ergebnis anders. Er hatte sich verzählt. Wieder begann er zu zählen, und wieder und wieder. Immer stimmte das Ergebnis nicht. Es waren eben zu viele Rüben.

Die Königstochter hatte in der Zwischenzeit eine Rübe in ein Pferd verwandelt. Sie schwang sich in den Sattel, und das Pferd sauste mit seiner Reiterin los, über Stock und über

Stein. Rübezahl aber war mit dem Zählen endlich fertig geworden. Er suchte Emma, um ihr die Zahl zu nennen. Aber er konnte sie nicht finden. Im Schloss war sie nicht und im Garten auch nicht. Immer wieder rief er ihren Namen, aber niemand antworte. Da ahnte Rübezahl, dass er hereingelegt worden war. Er nahm seine ursprüngliche Gestalt als Riese an und machte sich auf den Weg, um Emma zu finden. Schließlich sah er sie in der Ferne. Gerade galoppierte das Pferd über die Grenze von Rübezahls Reich. Wütend griff der Geist einen Blitz vom Himmel und schleuderte ihn mit aller Kraft der Fliehenden hinterher. Aber seine Zauberkraft wirkte nur innerhalb seines Reiches, und so konnte der Blitz dem Pferd und seiner Reiterin nichts anhaben. Der Berggeist kehrte in den Palast zurück, der für ihn nichts mehr wert war. Er stampfte dreimal mit dem Fuß auf, und die ganze Pracht verschwand.

Emma aber war an der Waldquelle angekommen. Dort wartete Ratibor, ihr Liebster, und nahm sie glücklich in die Arme. Er brachte sie an den Hof ihrer Eltern zurück und feierte dort mit ihr ein prächtiges Hochzeitsfest.

Die Menschen, die die wundersame Geschichte von dem Berggeist und der schönen Emma hörten, nannten den Riesen von nun an „Rübezahl".

Wilhelm Tell, der Held der Schweiz

Vor vielen, vielen Jahren hatten die Menschen in der Schweiz, rund um den schönen Vierwaldstätter See, große Sorgen. Denn sie wurden unterdrückt und ausgeplündert. Der Kaiser von Österreich wollte in dieser Gegend Macht und Reichtum erlangen und erhob hohe Steuern, sodass den Menschen kaum etwas zum Leben blieb. Er schickte Vögte in das Land, das waren Männer, die für Ordnung sorgen sollten. Sie mussten darauf achten, dass die Einwohner das viele Geld zahlten ohne zu murren. Wer sich wehrte, wurde hart bestraft.

Einer der Landvögte trieb es besonders schlimm. Er hieß Hermann Gessler. Immer neue Bosheiten dachte er sich aus, um das Volk zu quälen. So ließ er im Ort Altdorf mit-

ten auf dem Marktplatz einen Pfahl errichten, auf den er einen Hut stülpte. Jeder, der vorbeikam, musste von nun an ehrfürchtig den Hut grüßen, als sei es der Kaiser selbst. Die Bewohner von Altdorf waren wütend über diesen un-

nützen Befehl. Aber sie mussten sich fügen, sonst hätte man sie bestraft.

In den Bergen lebte zu der Zeit ein Bauer. Er hieß Wilhelm Tell. Er arbeitete hart, um seine Familie satt zu bekommen. Und er war ein sehr guter Schütze. Mit seiner Armbrust ging er oft auf die Jagd und erlegte so manche Bergziege. Eines Tages stieg Wilhelm Tell mit seinem Sohn Walter ins Tal hinab, um in Altdorf auf dem Markt einzukaufen. Die beiden kamen an dem Hut auf der Stange vorbei – aber Tell dachte gar nicht daran, den Hut zu grüßen. „Was soll der Unsinn“, lachte er. „Ein Hut ist ein Hut und kein Kaiser!“ Das hatten die Soldaten gehört, die den Hut bewachten. Im Nu war einer von ihnen zu Gessler gelaufen und verriet ihn: „Wilhelm Tell, der berühmte Bogenschütze, ist an dem kaiserlichen Hut vorbeigegangen ohne ihn zu grüßen!“ Sofort machte sich Gessler auf den Weg zum Marktplatz. Dort stellte er Wilhelm Tell zur Rede. „Warum grüßt du den Hut nicht, wie es das Gesetz befiehlt?“, fragte er. „Weil ich es nicht einsehe, diesem Gesetz zu folgen“, erwiderte Tell. „Es ist doch nur dazu gemacht, um uns zu ärgern und zu demütigen!“ Mit diesen Worten wollte er seiner Wege gehen. Doch Gessler ließ ihn von den Soldaten festnehmen. Dann fiel sein Blick auf Walter, Tells Sohn, der schweigend und mit großen Augen neben seinem Vater stand. „Einen netten Sohn hast du, Wilhelm“, sagte er. „Er könnte dich vor dem Gefängnis retten.“ „Wie soll das ge-

schehen?“, fragte Tell. „Ganz einfach“, meinte der Landvogt und zog einen dicken roten Apfel aus der Tasche. „Du musst nur diesen Apfel mit deiner Armbrust treffen.“ Er nahm Walter bei der Hand und stellte ihn in einer Entfernung von achtzig Schritten an einen Baum. Dann legte er den Apfel auf den Kopf des Jungen. „Man sagt, du seist ein guter Schütze. Schieß diesen Apfel vom Kopf deines Sohnes! Dann bist du frei.“ „Das kann ich nicht“, rief Wilhelm Tell. „Ich könnte mein Kind verletzen!“ „Wenn du dich weigerst“, erwiderte Gessler, „werden wir euch beide töten. Wenn du es aber schaffst, erlangst du die Freiheit!“ Wilhelm Tell nahm zwei Pfeile aus dem Köcher und schob mit zitternden Händen einen Pfeil in die Armbrust. Er legte an. Er schoss. Und traf den Apfel genau in der Mitte, sodass beide Hälften rechts und links von Walters Kopf zur Erde fielen. Nun musste Gessler ihn freilassen, das hatte er versprochen. „Du bist ein freier Mann“, meinte er. „Aber sag mir: Warum hast du zwei Pfeile aus dem Köcher gezogen?“ „Wenn meinem Sohn etwas passiert wäre“, gab Tell zurück, „wäre der zweite Pfeil für dich gewesen!“ Da begann Hermann Gessler zu schreien: „Du wagst es, mein Leben zu bedrohen?“ Und seinen Soldaten befahl er: „Nehmt ihn wieder fest! Wir bringen ihn in meine Burg in der Stadt Küssnacht! Dort wird er bleiben und nie wieder nach Hause zurückkehren!“

Die Soldaten fesselten Tell und führten ihn auf ein Boot, das ihn über den Vierwaldstetter See nach Küssnacht brin-

gen sollte. Doch als das Boot vom Ufer abgelegt hatte, zog ein Unwetter auf. Der Himmel wurde grau, dunkle Wolken ballten sich zusammen. Es begann zu stürmen, bald schlugen hohe Wellen in das Boot. Niemand wusste, wie man es sicher ans andere Ufer bringen könnte. Da fiel Gessler ein, dass Wilhelm Tell nicht nur ein guter Schütze, sondern auch ein geschickter Bootsmann war. „Nehmt ihm die Fesseln ab“, befahl er den Soldaten. „Tell weiß, wie wir uns retten können!“ Tatsächlich schaffte es Wilhelm Tell, das Boot sicher ans Ufer zu steuern. Doch kaum hatte es angelegt, sprang er ans Ufer und flüchtete ins Gebirge, bis er in die Nähe von Küssnacht kam. Dort legte er sich in einer Straße auf die Lauer, die noch heute die Hohle Gasse heißt. Er wartete. Denn er ahnte, dass Hermann Gessler ihn in Küssnacht suchen und sich an ihm rächen würde. Tatsächlich hörte er bald Pferdegetrappel und sah, wie sich der Landvogt mit seinen Soldaten durch die Hohle Gasse näherte. Tell legte einen Pfeil in seine Armbrust und schoss. Hermann Gessler sank zu Boden. Wilhelm Tell und seine Freunde aber schlossen sich zusammen und jagten alle Vögte samt ihren Soldaten aus dem Land.

So konnte Wilhelm Tell die Schweiz von den bösen Herrschern befreien und den Menschen die Freiheit zurückgeben. Darum verehren die Schweizer ihn bis heute als einen mutigen Helden.

Junker Jörg auf der Wartburg

Auf einem Berg im Thüringer Wald, oberhalb der Stadt Eisenach, erhebt sich die mächtige Wartburg. Dort saß vor etwa fünfhundert Jahren in einem kleinen Zimmer ein Mann an einem Tisch. Er schrieb. Ab und zu schaute er aus dem Fenster, kraulte sich seinen buschigen Bart und beugte sich dann wieder über sein Papier. Ganz still war es in der Kammer. Nur das Kratzen der Gänsefeder war zu hören. Kaum jemand wusste, wer dieser Mann war und was er dort schrieb.

Vor einigen Monaten war er unterwegs gewesen von Altenstein nach Waltershausen. Es war ein sonniger Tag im

Mai. Mitten im Wald hörte er plötzlich Pferdegetrappel und Stimmen hinter sich. „He, du da, stehen bleiben!“ Er sah sich um. Zwei Männer winkten ihm zu. „Komm her!“ Zögernd näherte er sich. Die Reiter sprangen von ihren Pferden. „Mitkommen!“, sprach der eine. „Befehl von unserem Kurfürsten!“ Der andere legte seine Hand auf seine Schulter. „Wir bringen dich in die Wartburg. Dort wirst du eine Weile bleiben.“

Wenig später kamen die drei Männer an der Burg an. Der Burgherr begrüßte sie. „Hat euch jemand gesehen?“ „Nur die Füchse und Hasen im Wald!“, sprach der eine Reiter mit leiser Stimme. „Das ist gut. Nun komm herein.“ Damit meinte er den Gefangenen, der langsam ahnte, warum er hierher gebracht worden war. Hinter ihm schloss sich das mächtige Burgtor. „Dein Aufenthalt hier muss geheim bleiben“, meinte der Burgherr. „Noch nicht einmal deinen Namen darf man wissen. Wir nennen dich, solange du bei uns bleibst, Junker Jörg.“

Man brachte ihn auf ein Zimmer. Es war längst nicht so prächtig wie die anderen Zimmer und Säle in der Burg. Vor einem grob gezimmerten Schreibtisch befand sich ein Stuhl mit gebogenen Armlehnen, in der Ecke stand ein grüner Kachelofen, der jetzt im Frühling aber nicht geheizt war. Junker Jörg sah sich um. Nein, besonders gemütlich sah es hier nicht aus. Aber hier war er wenigstens sicher.

Wie ein Gefangener lebte er. Niemand kam zu Besuch, denn sein Versteck war geheim. Er las viele Bücher, schrieb Briefe an seine Freunde und versuchte, die Zeit irgendwie zu überstehen.

Nach sieben Monaten, es war in der Adventszeit, kam ein Bote zur Burg. Er brachte ein großes Buch mit einem prächtigen Einband, dazu eine Gänsefeder samt Tintenfass sowie einige Seiten Papier. Junker Jörg setzte sich an den

Tisch. Und er begann zu schreiben. Immer wieder sah er in das dicke Buch, beugte sich dann über das Papier und schrieb. Das Buch, das neben ihm lag, war die Bibel in griechischer Sprache. Nur die gelehrten Menschen im Land konnten sie lesen, denn wer sprach schon Griechisch? Das wollte Junker Jörg ändern. Sein Plan war, einen Teil der Bibel, das Neue Testament, in die deutsche Sprache zu übersetzen. Denn er meinte, dass der Glaube an Gott doch nicht nur für die gelehrten Herren da sein sollte. Auch die Bauern und Hirten, die Zimmerleute und Bäcker sollten die Bibel lesen können.

Schon früher hatte er manchmal die hohen Herren der Kirche gefragt: „Warum sollen nicht alle Menschen Gottes Wort erfahren? Es wäre doch viel besser, wenn die Bibel für alle da wäre!" Das hatte den Herren der Kirche gar nicht gefallen. Sie waren stolz darauf, dass sie studiert hatten und die Einzigen waren, die das griechische Buch verstehen konnten. So kam es, dass sie ihn aus der Kirche ausschließen wollten, wenn er nicht seine Meinung ändern würde. Er tat es nicht.

Der Mann, der auf der Wartburg Junker Jörg genannt wurde, war der Mönch Martin Luther. Um ihn zu schützen, hatte der Kurfürst ihn heimlich auf die Wartburg bringen lassen. Denn er hatte Angst um den frommen Mann und wollte ihn vor seinen Feinden verstecken. Viele versuchten ihm zu schaden.

Einmal, so wird erzählt, saß Junker Jörg, der ja eigentlich Martin Luther hieß, noch spät in der Nacht an seinem Schreibtisch und schrieb. Die Kerze warf ein wenig Licht auf das Papier. Plötzlich knarrte die Tür. Langsam öffnete sie sich und der Teufel trat in die Stube. „Na, Martin, noch so spät bei der frommen Arbeit?“ „Weg mit dir“, schrie Luther. Und im nächsten Moment hatte er schon das Tintenfass gegriffen und schleuderte es mit aller Kraft dem Bösen entgegen. Der machte, dass er davonkam.

Zehn Monate blieb Luther auf der Wartburg. Dann konnte er sie endlich verlassen und war wieder frei. Denn im Land gab es nun viele Menschen, die so dachten wie er und mit ihm dafür kämpften. Die Bibel aber, die Martin Luther übersetzt hatte, wurde gedruckt. Und so konnten alle Menschen in Deutschland Gottes Wort lesen und verstehen.

Kannitverstan

Vor mehr als zweihundert Jahren lebte ein junger Handwerker im schönen Tuttlingen am Rand des Schwarzwalds. Eines Tages machte er sich auf die Reise, um zu Fuß die Welt zu erkunden. Durch ganz Deutschland zog er mit seinem Bündel auf der Schulter, bis er nach Holland kam. Die frische Seeluft kitzelte in seiner Nase, und so nahm er den Weg nach Amsterdam. Wie staunte er über die bunte Stadt mit ihren schönen Häusern! Ein Haus war besonders groß und prächtig. Lange stand er davor, legte den Kopf in den Nacken und sah es sich an. Kunstvolle Verzierungen waren am Dach angebracht und riesige Fenster blickten auf die Straße herab. Auf den Fensterbänken blühten Tulpen und Vergissmeinnicht. Wie gern würde der junge Mann in einem solchen Haus leben! Die Tür öff-

nete sich, ein älterer Herr trat auf die Straße. Der Handwerksbursche sprach ihn an. „Sagt mir, verehrter Herr, wem gehört denn dieses prächtige Haus?“ Der Mann sah ihn fragend an. Dann erwiderte er: „Kannitverstan“ und ging seines Weges. Aha, dachte der junge Handwerker, Herr Kannitverstan ist also der Eigentümer. Er scheint ein reicher Mann zu sein!

Nun wollte er sich den Hafen ansehen, wo die großen Schiffe aus aller Welt vor Anker lagen. Die Seeleute schleppten Waren hinauf und hinab, es war ein ziemliches Gewimmel und Gedränge hier am Wasser. Lange beobachtete er das bunte Treiben. Schließlich ging er weiter und kam zu einem Schiff, das auffallend groß war. Es war gerade aus Indien angekommen, und die Matrosen luden die Fracht aus. Viele Säcke mit Pfeffer und Kaffee, Zucker und Reis hatten sie schon herausgetragen, und noch immer kamen neue Dinge hinzu, die damals teuer und kostbar waren. Der Handwerksbursche sah, wie ein Seemann einen dicken Ballen glänzender Seide auf seiner Schulter den Steg hinuntertrug. Der weiß gewiss, wem dieses wundervolle Schiff gehört, dachte er. Er ging auf ihn zu und fragte, wer denn der Besitzer sei. Der Seemann hatte es eilig und antwortete nur kurz und knapp: „Kannitverstan!“ Der Bursche bekam große Augen. Nicht nur ein prächtiges Haus gehörte dem Herrn Kannitverstan, sondern auch dieses große Schiff mit seiner kostbaren Ladung! Ach, was gibt es

doch für glückliche Leute auf der Welt, dachte er. Und ich armer Tropf habe noch nicht einmal Geld, um in einem guten Gasthaus einzukehren.

Geknickt verließ er den Hafen und machte sich auf den Weg zurück zur Stadt. Da hörte er plötzlich Hufgetrappel. In der Ferne erklang das Bimmeln einer Glocke. Er erblickte vier Pferde, die einen dunklen Wagen zogen. Ihm folgte schweigend eine Reihe schwarz gekleideter Menschen. Jemand war gestorben und wurde nun zum Friedhof gebracht. Der Bursche wartete, bis die Trauergesellschaft vorübergezogen war und sprach dann den Letzten an, der dem Sarg folgte: „Das war gewiss ein guter Freund von Ihnen, der da zu Grabe getragen wird. Wie hieß er denn, der Arme?“ Der Mann drehte seinen gebeugten Kopf ein wenig, sah den Handwerksburschen betrübt an und antwortete: „Kannitverstan!“

„Der arme Herr Kannitverstan“, rief der Bursche. „Was nützt ihm nun all sein Reichtum, wenn er doch jetzt schon sterben musste!“ Er schloss sich dem Trauerzug an und folgte ihm bis zum Grab. Dort sah er, wie der Sarg in die Erde hinabgesenkt wurde. Und als der Pastor tröstende Worte sprach, von denen der Bursche aber kein Wort verstand, rollten ihm ein paar Tränen über die Wangen. „Leben Sie wohl, Herr Kannitverstan“, sagte er leise.

Später, als aus dem Handwerksgesellen längst ein tüchtiger Meister geworden war, dachte er oft an den Herrn

Kannitverstan in Amsterdam. Und immer wenn er neidisch werden wollte, weil ein anderer mehr hatte als er, sagte er sich: Der reiche Herr Kannitverstan besaß ein großes Haus und ein prächtiges Schiff. Ich aber habe mein Leben und werde es noch lange behalten! Und schon war der Anfall von Neid wieder vorbei.

Und der Herr Kannitverstan? Den gibt es nicht und es gab ihn nie. Denn die Holländer, die der Bursche befragt hatte und denen die deutsche Sprache fremd war, hatten ihm jedes Mal geantwortet „Kan niet verstaan!“ Und das bedeutet: „Ich kann dich nicht verstehen!“

Siegfrieds Kampf mit dem Drachen

In Xanten am Rhein lebte einst ein Königspaar mit Namen Siegmund und Sieglinde. Die beiden bekamen ein Baby, es war ein Sohn. Sie nannten ihn Siegfried.

Der kleine Siegfried bereitete seinen Eltern viel Freude. Er war klug, hübsch und mutig. Aber er war auch ein wildes Kind, und manchmal, wenn er durch die Räume der Burg tobte, riefen die Eltern: „Junge, nicht gar so wild!“ Zu seiner Frau sagte dann der König leise: „Er hat das Zeug dazu, ein Held zu werden.“ Dann erwiderte seine Frau: „Wenn er sich nur nicht in zu große Gefahr begibt!“

Als Siegfried älter wurde, war er zwar etwas vernünftiger geworden, aber noch immer wild und ungestüm. Zog

sein Vater in eine Schlacht, bettelte Siegfried, mit ihm gehen und kämpfen zu dürfen. Denn er fühlte sich schon so stark, dass er meinte, jeden Feind besiegen zu können. Doch sein Vater sagte dann: „Du bist noch nicht alt genug, mein Junge. Warte noch ein paar Jahre!" Das verstand Siegfried nicht. Und so beschloss er eines Tages, seine Eltern zu verlassen und allein nach Abenteuern zu suchen. Heimlich schlich er sich frühmorgens aus der Burg und machte sich auf den Weg. Den Rhein entlang marschierte er, über Berge und durch Täler, bis er in einem dichten Wald ankam. Dort trank er vom frischen Quellwasser und stillte seinen Hunger an Früchten und Beeren.

Eines Tages hörte er ein silberhelles Klopfen. Er ging dem Geräusch nach und kam zu einem Berg, in dem er den Eingang zu einer Höhle sah. Siegfried trat ein. Er stand mitten in einer Schmiede. Ein kleiner, kräftiger Mann, so groß nur wie ein Kind, hielt mit einer Zange ein glühendes Eisenstück über den Amboss. Seine beiden Gehilfen schlugen immer abwechselnd darauf, dass die Funken durch die Luft tanzten. Siegfried sah, dass ein Schwert entstehen sollte. So eins könnte ich gut gebrauchen, dachte er. „Na, junger Herr", sagte der Zwerg, „willst du dem alten Mime bei der Arbeit zusehen?" „Du bist Mime, der berühmte Schmied?", rief Siegfried. „Von dir habe ich schon viel gehört. Niemand schmiedet bessere Schwerter als du! Kann ich diese Kunst nicht bei dir lernen?" „Einen guten Gehil-

fen kann ich immer gebrauchen“, erwiderte Mime. „Aber zeig erst einmal, was du kannst!“ Da ergriff Siegfried den mächtigen Hammer, schwang ihn hoch über seinem Kopf und schlug ihn mit so großer Kraft auf den Amboss, dass der sich tief in den Erdboden grub. Der hölzerne Griff zersplitterte in viele kleine Teile. Die beiden Gehilfen bekamen kugelrunde Augen vor Staunen. Auch Mime war erschrocken über diese große Kraft und wäre den jungen Mann gern losgeworden. Aber er traute sich nicht, ihn hinauszuwerfen. „Gut“, sagte er. „Du kannst bei mir bleiben und das Schmieden erlernen.“ So blieb Siegfried in Mimes Höhle.

Er stellte sich geschickt an, und so hätte aus ihm ein guter Schmied werden können. Aber seine Kraft und Stärke machten dem Meister und seinen beiden Gesellen jeden Tag aufs Neue große Angst. Wo Siegfried mit seinem Hammer hinschlug, blieb kein Staubkörnchen übrig. Wenn ihm etwas nicht passte – würde es dann nicht für die drei Schmiede gefährlich werden? Würden sie, falls es zu einem Streit kam, nicht um ihr Leben fürchten müssen? So beschlossen sie dafür zu sorgen, dass er die Schmiede verließ und nicht wiederkam.

Meister Mime überlegte hin und her. Dann hatte er einen Plan, wie er den furchtbar starken jungen Mann für immer loswerden könnte. So sagte er zu ihm: „Siegfried, ich brauche Holz, um das Schmiedefeuer am Brennen zu

halten. Geh in den Wald zu dem großen Felsen und besorge welches!“ Mime wusste, dass dort der grässliche Drache Fafner hauste. Der würde den Jüngling gewiss nicht am Leben lassen.

Siegfried nahm sich eine Axt und machte sich auf den Weg, um Holz zu schlagen. Kaum war er bei dem großen Felsen angekommen, hörte er ein lautes Zischen und Fauchen. Aus einem Spalt im Felsen schaute der riesige Kopf des Drachen heraus. Als er den Jüngling sah, schlängelte er sich aus seinem Versteck und erhob sich auf die Hinterbeine. Seine grüne Schuppenhaut glitzerte in der Sonne. Mit grausamen Augen sah er auf Siegfried herab. Die rote Drachenzunge zuckte aus dem fauchenden Maul. Schnell zog Siegfried die Axt aus der Tasche und schlug sie mit so großer Wucht in einen Baum, dass er krachend umfiel. Dann packte Siegfried den Stamm und schlug ihn mit aller Kraft auf den Kopf des bösen Drachen. Dieser Hieb genügte, um den Drachen zu besiegen. Das Untier sank zu Boden. Aus einer großen Wunde tropfte das Blut auf den Waldboden. Ein kleiner Tropfen Drachenblut spitzte in Siegfrieds Mund. Da konnte der Jüngling plötzlich die Sprache der Vögel verstehen. Ein kleiner Vogel zwitscherte ihm zu: „Reibe deine Haut mit dem Drachenblut ein, Siegfried! Es macht dich unbesiegbar, und keine Waffe kann dich verwunden!“ Siegfried tat, was der Vogel ihm geraten hatte. Sorgfältig bestrich er seinen Körper mit dem Blut des

Untiers. Dabei merkte er nicht, dass das Blatt eines Lindenbaums auf seinen Rücken fiel. Diese Stelle wurde nicht vom Drachenblut bedeckt. Hier blieb er, ohne es zu wissen, ohne Schutz.

Dann kehrte Siegfried in die Schmiede zurück. Als Mime und seine Gehilfen sahen, dass der Junge gesund und munter zurückgekehrt war, ließen sie Hammer und Zange fallen, liefen so schnell sie konnten in den Wald hinein und kamen nicht wieder. Siegfried aber ergriff sich den Hammer und ein großes Stück Eisen und schmiedete sich ein wuchtiges Schwert. Damit verließ er Mimes Höhle, um weitere Abenteuer zu bestehen.

Wie Paracelsus den Teufel überlistete

Vor mehr als fünfhundert Jahren lebte in Tirol in Österreich ein Arzt, den man Paracelsus nannte. Er liebte die Natur. Darum ging er oft in die nahen Wälder der Alpen, suchte Kräuter und schnupperte den würzigen Duft der Blumen, die auf den Bergwiesen blühten.

An einem warmen Tag im Sommer war er wieder unterwegs, um sich an den Pflanzen der Berge zu erfreuen und die frische Waldluft zu genießen. Da hörte er, wie jemand seinen Namen rief: „Paracelsus, hilf mir!“ Der Arzt sah sich um. Aber niemand war zu sehen. Wieder hörte er: „Paracelsus, hilf mir!“

Er ging der Stimme nach und kam zu einer Tanne. In ihrem Stamm gab es ein Astloch, das mit einem Zapfen fest

verschlossen war. Nun war die Stimme ganz nah und deutlich zu hören: „Hilf mir! Ich bin hier im Baumstamm gefangen!" „Das werde ich gern tun", meinte der berühmte Arzt. „Aber sag mir erst, wer du bist!" Nach einer Weile antwortete die Stimme: „Man nennt mich den Teufel. Ein boshafter Zauberer hat mich hier einfach eingesperrt. Das ist so ungerecht!" „Naja", meinte der Arzt, „so ungerecht ist das wohl nicht. Warum sollte ich dich befreien? Damit du Bosheit und Unglück auf die Welt bringst?"

Eine Weile schwieg der Teufel. Dann erwiderte er mit schmeichelnder Stimme: „Ich werde dich reich belohnen. Du wirst so viel Geld von mir bekommen, dass du der reichste Mann hier in den Bergen bist." „Ich brauche kein Geld", gab Paracelsus zurück. „Ich lebe gern einfach und möchte niemals ein reicher Mann sein!" „Hast du denn vielleicht einen anderen Wunsch?", fragte der Böse. „Ich kann dir alles erfüllen, was dein Herz begehrt!" Der Arzt dachte nach. „Nun ja", sagte er dann. „Ich wüsste schon, was ich mir wünschen könnte." „Dann sag schon", drängelte der Teufel, denn er wollte endlich aus seinem Gefängnis befreit werden. „Ich hätte gern eine Medizin, die alle Krankheiten heilen kann." „Die sollst du bekommen." „Und dann möchte ich noch ein Wundermittel, durch das sich alles in Gold verwandeln lässt." „Beides werde ich dir geben", rief der Teufel eifrig. „Nun zieh schnell den Zapfen aus dem Stamm!" „Versprichst du mir, dass du dich an

die Abmachung hältst?“, fragte Paracelsus. Der Teufel versprach es.

Kaum hatte der Arzt den Zapfen herausgezogen, kam eine dicke schwarze Spinne aus dem Loch. Sie krabbelte blitzschnell den Stamm herunter und verschwand im dichten grünen Moos. Im nächsten Moment stieg aus dem Moos eine Wolke auf. Sie zerplatzte und der Teufel erschien. Er sah Paracelsus mit glühenden Augen an. „Ich

danke dir für die Befreiung“, sagte er. „Und hier hast du meinen Dank.“

Er brach einen Haselnusszweig von einem Strauch und schlug mit ihm auf einen Felsen, der sich mit einem lauten Krachen öffnete. Der Teufel verschwand darin und kehrte nach einer Weile mit zwei Flaschen zurück. In der einen befand sich eine gelbe Flüssigkeit, in der anderen eine weiße. „Hier sind die Dinge, die du dir gewünscht hast,“ sprach er. „Und jetzt werde ich den Zauberer hart bestrafen, der mich überlistet und in den Baum gesperrt hat!“

Mit diesen Worten übergab er dem Arzt die beiden Flaschen, wandte sich um und wollte gehen. Paracelsus hatte Sorge, dass der Teufel böse Rache an dem Zauberer nehmen würde. Das konnte er nicht zulassen! Er musste ihn daran hindern.

Darum sagte er: „Der Zauberer muss ein sehr kluger Mann sein. Er scheint viel mächtiger zu sein als du!“ „Mächtiger als ich?“, rief der Böse voller Wut. „Niemand auf der Erde hat mehr Macht als ich!“ „Aber wie kommt es dann“, sprach der Arzt, „dass er dich in eine Spinne verwandeln konnte? Diesen Trick könntest du ihm doch niemals nachmachen.“ „Natürlich kann ich das!“, sagte der Teufel überheblich. „Wenn es um Verwandlungen geht, bin ich ein wahrer Meister!“ „Beweise es“, sagte der Arzt. „Ich wette um die beiden Flaschen, die du mir geschenkt hast, dass du dieses Kunststück nicht vollbringen kannst. Jeman-

den in eine Spinne zu verwandeln, das ist höchste Zauberkunst." „Du wirst schon sehen", gab der Teufel zurück.

Im Nu war er verschwunden und an der Stelle, wo er eben noch gestanden hatte, saß eine dicke schwarze Spinne. „Jetzt siehst du, dass ich mit dem Verwandeln keine Mühe habe", sagte die Spinne. „Ich passe sogar in dieses kleine Loch!" Er kroch hinein. Damit hatte Paracelsus gerechnet. Schnell nahm er den Tannenzapfen und verstopfte mit ihm das Loch. Im Innern des Baumstamms hörte er den Teufel schimpfen und fluchen und betteln. Aber es half ihm nichts. Durch seine Dummheit und Überheblichkeit saß er wie zuvor in seinem winzigen Gefängnis. Paracelsus aber ging fröhlich nach Hause und freute sich, dass er den bösen Teufel überlistet hatte.

Die sieben Schwaben

In Schwaben, das auf der Landkarte ziemlich weit unten liegt, gab es einmal sieben stolze Männer. Sie träumten davon, große Helden zu werden und machten sich auf, um nach Abenteuern zu suchen. Und da man ja nie weiß, ob solche Abenteuer nicht auch gefährlich werden könnten, ließen sie sich einen Spieß anfertigen, der so lang war, dass sie ihn allesamt zugleich packen konnten. Das war eine gute Waffe!

An einem sonnigen Tag im Monat Juli zogen sie los mit ihrer langen Lanze. Allen voran ging der Herr Schulz, der der Größte von ihnen war. Ihm folgten die anderen sechs Schwaben: der Jackli, der Marli und der Jergli, der Michel, der Hans und ganz am Ende der Veitli. Den ganzen Tag zogen sie so dahin, aber es wollte sich kein Abenteuer finden lassen. Gegen Abend, als es schon dämmrig wurde, kamen sie zu einer Wiese. Da flog aus einem Gebüsch mit lautem Gebrumm eine Hornisse hervor. „Hilfe!“, rief der Herr

Schulz, „ich glaube, es ist Krieg! Ich höre schon die Trommeln unserer Feinde!" Er ließ den Spieß los, rannte fort und sprang über einen Zaun. Hinter dem Zaun gab es einen Garten. Und da lag eine Harke. Herr Schulz sprang darauf, sodass der Stiel hochschnellte und ihm ins Gesicht schlug. Au, das tat weh! Er meinte, ein böser Feind habe ihm einen Schlag verpasst, und er schrie: „Tut mir nichts, ich ergebe mich!"

Die anderen sechs Schwaben waren dem Herrn Schulz gefolgt und ebenfalls über den Zaun gehopst. Und als sie ihn so erbärmlich schreien hörten, riefen sie verzweifelt: „Verschont uns! Wir ergeben uns auch!" Aber als sie sich umschauten, sahen sie nur den Herrn Schulz, der die Beule an seiner Stirn rieb. Da merkten sie, dass es niemanden gab, der sie gefangen nehmen wollte und dass sie sich ziemlich dumm verhalten hatten.

„Erzählt bloß niemandem, was eben passiert ist", flüsterte der Herr Schulz seinen Gefährten zu. „Von mir erfährt keiner etwas", meinte Jackli. „Von mir auch nicht", sagte Marli. „Auf keinen Fall", rief Jergli. „Wir schweigen, das schwören wir", sagten Michel, Hans und Veitli. Sie kehrten zu ihrem Spieß zurück, ergriffen ihn und zogen weiter.

Irgendwann kamen sie zu einem Abhang. Sie schauten hinab. „Seht nur", meinte Jergli, „da unten ist ein See! Wie kommen wir denn bloß ans andere Ufer?" „Der Herr

Schulz soll uns hinübertragen", sagte Jackli. „Er ist der Größte und Stärkste von uns!" Der Herr Schulz aber verzog sein Gesicht: „Ins Wasser gehe ich nur, wenn es mir nicht höher als an den Hals reicht. Seht selbst zu, wie ihr hinüberkommt!" So standen sie und wussten nicht, ob sie es wagen sollten, ins Wasser zu springen. Da gab der Jergli dem Marli und dem Michel einen Stoß, dass sie den Abhang hinunterkullerten. Sie gingen im See nicht unter, und so sprangen ihnen die anderen fünf Schwaben hinterher. Aber wie wunderten sie sich, als sie mit den Nasen im Gras landeten! Denn es war kein Wasser, in das sie gefallen waren, sondern ein Feld mit blauen Rapsblüten. Wieder hatten sie sich nicht besonders klug angestellt, und mit Beulen und schmerzenden Knochen krochen sie den Hang empor und zogen mit ihrem langen Spieß weiter.

Endlich kamen sie wirklich zu einem See. „Das ist der Bodensee", sagte Jackli. „In den Wäldern hier in der Nähe soll ein wildes Ungeheuer hausen!" „Das müssen wir besiegen!", rief der Herr Schulz, und alle nickten. Aber erst einmal wollten sie etwas essen. Sie legten den Spieß nieder, setzten sich ans Ufer des Sees, zündeten ein Feuer an und kochten sich eine tüchtige Portion schwäbische Spätzle. Als die sieben furchtlosen Männer satt waren, überlegten sie, wie sie sich dem Ungeheuer am besten nähern sollten. „Also", sagte der Herr Schulz, „ich bin immer vorangegangen. Das kann nun ein anderer tun. Veitli, du hast

den Spieß ganz hinten getragen, sei nun der Erste vorn an der Spitze!" „Warum ich?", rief Veitli. „Gegen ein Ungeheuer kann ich auch ganz hinten kämpfen!" „Aber warum sollten wir eigentlich alle kämpfen?", fragte Michel. „Es reicht doch, wenn einer allein das Untier besiegt. Hans, geh hin und kämpfe für uns!" „Was soll ich?", schrie Hans. „Mein Leben aufs Spiel setzen und ihr schaut zu? Niemals!" So ging es hin und her, bis sie sich darauf einigten, alle gemeinsam und in der gewohnten Reihenfolge in den Kampf zu ziehen. Sie nahmen ihren Spieß und machten sich auf zum Wald.

Davor lag ein Acker. Darauf saß ein Hase und machte Männchen. „Da ist es, das Ungeheuer!", rief der Herr Schulz. „Wie wild und gruselig es aussieht!" Die anderen nickten ängstlich. Entschlossen packten sie den Spieß fester und schritten dem langohrigen Ungeheuer entgegen. Dem Herrn Schulz, der ja ganz vorn ging, standen die Haare vor Angst zu Berge. Und als der Hase mit seinem Näs-

chen schnupperte und mit seinen langen Ohren wackelte, konnte der Herr Schulz nicht anders: „Weg mit dir, du böses Tier", schrie er. Da erschrak der Hase und hoppelte in den Wald. Der Herr Schulz sah ihm verwundert hinterher. „Männer, schaut, was ist denn das? Das Monster ist ja nur ein Has!"

Nun hatten die sieben Schwaben genug von gefährlichen Abenteuern. Sie machten kehrt mit ihrem langen Spieß und gingen nach Hause zurück.

Das Hornberger Schießen

Manchmal bereitet man etwas gut vor und redet viel darüber – und schließlich wird dann doch nichts daraus. Dann sagt man: Das ist ausgegangen wie das Hornberger Schießen. Woher mag dieser Spruch wohl kommen?

Vor vielen Jahren kam einmal ein Bote in das Städtchen Hornberg im schönen Schwarzwald. „Unser ehrwürdiger Herzog Christoph von Württemberg wird euch in wenigen Tagen einen Besuch abstatten“, meldete er. Das war eine gute Nachricht! Die Bürger von Hornberg fühlten sich sehr geehrt von dem hohen Besuch und begannen gleich, ihn

vorzubereiten. Denn der Herzog sollte ja würdig empfangen werden. Man beschloss, ihn mit Kanonenschüssen willkommen zu heißen.

Also wurden die Kanonen bereitgestellt, dazu ein Fass Pulver, denn ohne Pulver kann eine Kanone nicht schießen. Als der große Tag gekommen war, versammelten sich alle Hornberger auf dem Schlossberg. Die Schützen standen neben den Kanonen bereit und warteten auf die An-

kunft des wichtigen Herrn. Auf dem Turm passte der Wächter gut auf und blickte ins Tal, denn von dort sollte der Herzog kommen. Er sollte gleich rufen, wenn der Besuch sich näherte.

Lange warteten die Hornberger vergeblich. Der Morgen verging, es wurde Mittag. Aber niemand ließ sich im Tal sehen. Es war ein heißer Tag. Die Schützen an der Kanonen schwitzten tüchtig in ihren warmen Uniformen. Gern hätten sie sich in den Schatten gesetzt, aber das wagten sie nicht. Schließlich konnte der Herzog jeden Moment eintreffen.

Endlich gab es ein Signal oben vom Turm. „Er kommt!“, rief der Wächter. „Gerade reitet er mit seinen Männern den Berg herauf! Ich sehe eine dicke Staubwolke!“ „Feuer frei!“, rief der Hauptmann der Schützen. Und nun begann ein ohrenbetäubendes Knallen und Donnern, dass man es im ganzen Umkreis vernehmen konnte.

Die Gruppe kam näher. Aber war es der Herzog? Nein, ein Hirte mit seiner Herde stieg den Berg herauf. Das war ein großes Unglück, denn die Schützen hatten ihr ganzes Pulver verschossen, sodass für den Empfang des Herzogs nichts mehr übrig blieb.

Endlich kam der hohe Besuch tatsächlich angeritten. Und als er mit seinem Gefolge durch das Burgtor kam, wurde er kräftig begrüßt. Diese Begrüßung war aber anders, als die Hornberger es eigentlich geplant hatten. „Piff-

paff“, riefen die wackeren Schützen. Und noch einmal: „Piff-paff“.

„Nanu“, sagte der Herzog, „wollt ihr mich foppen?“ Der Bürgermeister empfing ihn herzlich und erklärte, warum es kein Pulver mehr gab, um ihn mit Freudenschüssen begrüßen zu können. Da lachte der Herzog und merkte, dass die Hornberger freundliche Menschen waren, die ihn gern würdevoller begrüßt hätten.

Alle Bewohner von Hornberg feierten ein Fest zu Ehren ihres Herzogs, und der Herzog feierte fröhlich mit.

Johanna von Orléans

Vor über sechshundert Jahren, im Jahr 1412, wurde in dem französischen Dorf Domrémy ein Mädchen geboren, das die Eltern Jeanne nannten. Auf Deutsch heißt dieser Name Johanna. Zu dieser Zeit herrschte Krieg zwischen den Franzosen und den Engländern. Beide Länder wollten die Krone Frankreichs erlangen und stritten darum, wer König werden dürfe. Auch das Dorf, in dem Johanna aufwuchs, wurde vom Krieg nicht verschont. Das kleine Mädchen erlebte, wie die Feinde die Häuser plünderten und die Bauernhöfe in Flammen legten.

Johanna war ein fleißiges Mädchen. Ihre Eltern waren Bauern, und sie half ihnen oft bei der Feldarbeit und im Haushalt. Als sie dreizehn Jahre alt war, kam sie eines

Tages ganz aufgeregt nach Hause. „Mama, Papa, stellt euch vor“, rief sie ganz außer Atem, „ich habe die Stimmen von Engeln gehört! Sie haben zu mir gesagt, ich soll brav sein und oft in die Kirche gehen! Ein ganz helles Licht habe ich gesehen, es kam von der Kirche her!“ Die Eltern sahen sie besorgt an. „Du wirst unsere Nachbarin Aveline gehört haben, als sie mit ihren Kindern sprach“, meinte die Mutter. Und der Vater sagte: „Das Licht, nun, das waren wohl die hellen Sonnenstrahlen“. „Nein“, rief Johanna, „es waren Engel!“

Johanna wurde älter, und immer wieder meinte sie, die Stimmen der Engel zu hören. Sie gaben ihr Ratschläge, was sie tun solle, und eines Tages befahlen sie ihr, Frankreich vor den Feinden zu retten. „Sorge auch dafür“, hörte sie die Stimmen sagen, „dass Kronprinz Karl unser neuer König wird!“ „Wie kann ich das alles denn schaffen?“, fragte sie. „Ich bin ein junges Mädchen, wie kann ich die Feinde besiegen und Karl zum König machen?“ „Geh zum Bürgermeister der Nachbarstadt“, war die Antwort. „Er wird dir sagen, was du tun sollst.“

Johanna befolgte, was die Engel ihr geraten hatten. Doch der Bürgermeister lachte das junge Mädchen nur aus. „Was, du willst unser Land retten? Das schaffst du nie. Geh heim und hüte die Gänse!“ Johanna kehrte nach Hause zurück, aber ein Jahr später versuchte sie es noch einmal. Nun war der Bürgermeister eher bereit, ihr zu

glauben. „Obwohl du erst siebzehn Jahre alt bist, zeigst du doch, dass es dir ernst ist mit deinem Plan. Reite nun zu unserem Thronfolger Karl. Er wird entscheiden, ob du in den Kampf ziehen darfst.“ Johanna schnitt sich ihre langen Zöpfe ab und legte Männerkleidung an. Wie ein junger Herr sah sie nun aus. Und so zog sie in die Stadt Chinon, wo der Thronfolger Karl schon auf sie wartete.

Karl empfing sie freundlich. Lange sprach er mit ihr über die Stimmen, die sie hörte, und über ihren Plan, Frankreich zu befreien. „Ich glaube dir“, sagte er schließlich. „Zieh in den Kampf und vertreibe die Engländer aus der Stadt Orléans. Und hilf mir, Frankreichs König zu werden!“ Er ließ eine Ritterrüstung für das junge Mädchen anfertigen, gab ihr ein edles Pferd und eine Gruppe Soldaten mit auf den Weg. „Das Glück sei mit dir!“, sagte er zum Abschied. Johanna nickte. Hoch zu Pferd, gekleidet in ihre

glänzende Rüstung und gefolgt von den Männern des Kronprinzen, ritt sie nach Orléans.

„Wer ist das?“, wunderten sich die Engländer, als Johanna mit ihrer Armee in die Stadt einzog. Sie hatten kaum Zeit, zu ihren Waffen zu greifen – Johanna und ihre Soldaten griffen sofort an. Da zischte ein Pfeil durch die Luft und traf Johannas Arm. Trotzdem kämpfte sie mutig weiter.

Zwei Monate später hatte sie es zusammen mit ihren tapferen Soldaten geschafft, die Feinde zu vertreiben. Auch ihre nächste Aufgabe bestand Johanna. Sie brachte Karl in die Stadt Reims, wo man ihn zum König krönte.

Bis heute haben die Franzosen die mutige Johanna nicht vergessen. In Deutschland nennen wir sie auch „die heilige Johanna“ oder „die Jungfrau von Orléans“. In Frankreich wird sie „Jeanne d’Arc“ genannt. Noch heute verehren die Franzosen sie als Heldin, die ihr Land gerettet hat.

Die Heinzelmännchen von Köln

In Köln am Rhein, so erzählt man sich, hatten die Handwerker früher viel freie Zeit. Denn ihre Arbeit wurde von anderen verrichtet. Kleine Kerle waren es, die in den Backstuben den Teig für das Schwarz- und Weißbrot kneteten und in den Ofen schoben. Dem Schuster schnitten sie das Leder zu und nähten die feinsten Stiefel und Sandalen daraus. Für den Tischler hobelten sie die Bretter und bauten schöne Schränke, Bänke und Truhen. Und für den Zimmermann bauten sie sogar das Gerüst für ein ganzes Haus zusammen. Das alles taten sie heimlich in der Nacht. Morgens war die Arbeit fertig und die kleinen Männer waren verschwunden. Niemand hat sie je gesehen. Man nannte sie die Heinzelmännchen.

Auch einem Schneider, der in Köln seine Werkstatt hatte, halfen sie. Er hieß Franz. Jede Nacht verrichteten sie seine Arbeit und morgens lagen die Anzüge und Hemden, die Kleider und Westen und Hosen fix und fertig in der Schneiderwerkstatt. Einmal sollte Franz einen Anzug für den Bürgermeister nähen. Schon am nächsten Tag sollte er fertig sein. Aber Franz hatte keine Lust zum Nähen. Er legte

sich lieber ins Bett und träumte. Und tatsächlich hing am nächsten Morgen ein prächtiger Bürgermeister-Anzug auf dem Bügel.

Franz traf eine Frau, die er lieb hatte, sie hieß Franziska. Und als die beiden heirateten, halfen die Heinzelmännchen auch ihr. Sie wuschen die Wäsche, räumten auf und putzten das Haus. Franziska freute sich über die Hilfe, denn es gab doch eine Menge zu tun in einem Schneiderhaushalt. Aber eines Tages packte sie die Neugier. „Ich wüsste doch zu gern“, sagte Franziska zu ihrem Mann, „wie sie aussehen, die kleinen Kerle. Ich werde mich heute Nacht auf die Lauer legen!“ So versteckte sie sich am Abend in der Werkstatt hinter der Tür und wartete. Aber nichts geschah. Die Heinzelmännchen kamen nicht. Franz musste die Kleider selbst nähen und Franziska den Haushalt allein bewältigen. Auch in der nächsten Nacht wartete die Frau in ihrem Versteck. Niemand ließ sich sehen. Die Arbeit blieb liegen.

Nun war die Frau erst recht neugierig geworden. Sie holte eine Schüssel mit trockenen Erbsen aus der Speisekammer. Die schüttete sie auf die Treppe, die nach oben zur Schneiderwerkstatt führte. Sie hoffte, dass die Heinzelmännchen darauf ausrutschen und dann sichtbar würden. Wieder versteckte sie sich hinter der Tür. Als es Mitternacht wurde, gab es plötzlich ein furchtbares Poltern. Eine Weile war Stille. Dann polterte es wieder und wieder und

noch einmal. Die Heinzelmännchen rutschten in der Dunkelheit auf den Erbsen aus und purzelten eines nach dem andern die Treppe hinunter. Schnell machte Franziska das Licht an. Aber die kleinen Geister waren verschwunden. Die Frau des Schneiders sah nur noch ein Stück einer roten Zipfelmütze um die Ecke entwischen.

Die Heinzelmännchen kamen nie wieder nach Köln. Die Menschen mussten nun wieder selbst arbeiten. Zur Erinnerung an die fleißigen Zwerge ist noch heute in Köln nahe dem Dom der Heinzelmännchen-Brunnen zu sehen.

Die heilige Genoveva

Zu der Zeit, die wir das Mittelalter nennen, gab es im Städtchen Mayen im Eifel-Gebirge einen Grafen namens Siegfried. Er hatte eine schöne und sehr freundliche Frau. Sie hieß Genoveva. Die beiden liebten sich sehr. Und als eines Tages Siegfried in den Krieg ziehen musste, weinte Genoveva bitterlich. „Ich weiß, du musst die Feinde bekämpfen", sagte sie. „Aber ohne dich fühle ich mich so einsam und verlassen!" Da rief der Graf nach seinem Getreuen, dem Ritter Golo. „Pass gut auf meine Genoveva auf, während ich fort bin", sagte er zu ihm. „Sorge dafür, dass ihr nichts passiert!" Golo versprach es.

Aber kaum war der Graf fortgeritten, war Golo gar nicht mehr nett zu Genoveva. Er berührte sie und versuchte sie küssen, was sie gar nicht wollte. „So lange dein Mann im

Krieg ist, kannst du doch meine Liebste sein“, meinte er. „Lass mich in Ruhe“, sagte Genoveva. „Wenn du mir noch ein einziges Mal zu nahe kommst, werde ich später Siegfried davon erzählen!“ Golo sah sie voller Hass an und ging schweigend aus dem Zimmer. Er war wütend, dass die Gräfin ihn abgewiesen hatte. Und er hatte Angst, dass Siegfried ihn nach seiner Rückkehr bestrafen würde.

Darum fasste er einen bösen Plan. Er schrieb einen Brief, in dem er mitteilte, Siegfried sei bei einem Sturm auf dem Meer ertrunken. Mit diesem Brief ging er zur Gräfin. „Diesen Brief schickt dir ein Freund deines Mannes.“ Er las ihn vor. Und er fügte hinzu: „Nun, da der Graf nicht mehr am Leben ist, kannst du doch meine Frau werden.“ „Niemals!“, rief die Gräfin und warf die Tür zu.

Golo beschloss, sie zu bestrafen. Er rief die Wächter und ließ Genoveva in ein winziges Zimmer bringen, das er abschloss. Viele Tage und Wochen musste sie hier verbringen. Ihr einziger Trost war, dass sie ein Kind erwartete. Vielleicht, dachte sie, wird Golo dann merken, dass ich zu Siegfried und keinem anderen gehöre.

Das Kind, das Genoveva zur Welt brachte, war ein Junge. Weil sie sich so unglücklich fühlte, nannte sie ihn „Schmerzensreich“. Eines Tages kam ein Bote mit einer Nachricht. Heimlich schlich er sich zu dem Zimmer, in dem die Gräfin gefangen war, und flüsterte durch die verriegelte Tür: „Siegfried lebt. Er ist in der Stadt Straßburg angekommen und

wird bald zurückkehren". Voller Freude drückte Genoveva ihr Baby an sich. Endlich hatte ihr Unglück ein Ende! Mit lauter Stimme rief sie nach Golo. „Lass mich sofort frei", befahl sie ihm. „Mein Mann, der Graf, wird in wenigen Tagen zurückkommen!" Golo erschrak. Er wusste, dass er streng bestraft würde für seine bösen Taten. Darum sattelte er sein Pferd und ritt nach Straßburg, wo er den Grafen traf. Er erzählte ihm von dem Kind, das Genoveva geboren hatte. „Aber dieses Kind", raunte er Siegfried zu, „ist nicht deins. Draco, der Koch, ist der wahre Vater." Und er fuhr fort: „Darum hat sie es nicht verdient, länger an deiner Seite zu leben. Lass sie mit dem Kind fortbringen. Verstoße sie!" Betrübt willigte Siegfried ein.

Am nächsten Tag befahl Golo zwei Dienern, die Gräfin mit ihrem Sohn in den Wald zu führen und dort in der Wildnis allein zu lassen. So geschah es. Die Diener brachten sie in einen dichten Wald, der so groß war, dass sie allein niemals herausgefunden hätte. „Verzeih uns, dass wir dich hier allein lassen müssen", sagte einer der Diener. „Aber würden wir es nicht tun, würde man uns töten". Genoveva nickte und Tränen rollten über ihre Wangen.

Als die Diener sie verließen, sah sie sich ängstlich um. Wie konnte sie mit ihrem Kind hier in der Einsamkeit überleben? Doch sie fand eine Höhle, in der sie sicher vor Regen und Kälte war. Um nicht zu verhungern, aß sie Wurzeln, Kräuter und Früchte, und an einer Quelle stillte sie

ihren Durst. Um ihr kleines Kind hatte sie aber große Angst. Es brauchte doch Nahrung! Verzweifelt betete sie zur Mutter Gottes. „Hilf meinem Baby“, flehte sie. Da sah sie, wie eine weiße Hirschkuh zwischen den Bäumen hindurch auf sie zukam. Sie blickte Genoveva mit ihre großen dunklen Augen ruhig an, legte sich dann auf den Waldboden und ließ das Baby bei sich trinken.

Die Hirschkuh kam nun jeden Tag und gab dem Kind ihre Milch. So wurde er zu einem kräftigen Jungen.

Fast sieben Jahre lebten Genoveva und Schmerzensreich in dem Wald. Eines Tages hörten sie den Klang eines Jagdhorns und Hundegebell. Pferde näherten sich mit klappernden Hufen. Vor ihnen lief die Hirschkuh mit flinken Sprüngen durchs Gebüsch. Es waren Jäger, die das Tier verfolgten. Die Hirschkuh kam zu Genoveva und legte sich ihr zu Füßen. Dort blieb sie ruhig liegen, als die Jagdgesellschaft kam. Der vorderste Reiter stieg vom Pferd und sah Genoveva verwundert an. „Wer bist du und was machst du hier im wilden Wald?“ fragte er. „Ich bin eine unglückliche Frau, die zu Unrecht bestraft wurde“, sprach Genoveva leise. „Du kennst mich.“ Sie wusste, dass Graf Siegfried, ihr Mann, vor ihr stand. Er aber erkannte sie nicht, denn ihr Gesicht war blass und schmal geworden und ihre Kleider waren schmutzig und zerrissen. „Wie ist dein Name?“, fragte Siegfried. „Und wie heißt dieser Junge dort?“ „Mein Name ist Genove-

va“, sagte die Gräfin. „Und unser Sohn heißt Schmerzensreich. Denn ich kenne keine Freude mehr, seit ich von dir getrennt wurde“. Siegfrieds Blick fiel auf den Jungen, der sich ängstlich an Genoveva klammerte. Denn er hatte ja niemals einen Menschen außer seiner Mutter gesehen. Der Graf bemerkte, dass der Junge ihm sehr ähnlich sah. Nun wusste

er, dass es sein Sohn war. Er fiel vor Genoveva auf die Knie. „Bitte verzeih mir, dass ich Golo geglaubt und dir Unrecht getan habe!“, rief er. Er nahm Genoveva und seinen Sohn auf sein Pferd und sie ritten glücklich nach Hause. Golo aber wurde aus der Stadt verjagt und in den Wald verbannt, wo er bis an sein Lebensende bleiben musste.

Blümlisalp

Im Kanton Bern in der Schweiz, wo sich die Berge der Alpen bis in den Himmel strecken, gab es früher eine grüne, fruchtbare Alm. Das Gras wuchs dick und saftig, und die Kühe, die es fraßen, waren stark und gesund. Jede von ihnen wurde dreimal am Tag gemolken, und jedes Mal gab sie zwei große Eimer Milch. Und weil hier auch der blaue Enzian und der schöne Edelweiß so üppig wuchsen, nannten die Leute sie die Blümlisalp.

Auf der Alm lebte ein Hirte. Er hieß Urs. Ihm gehörten die Kühe, und wenn er mit seinen Kannen ins Tal fuhr und die Milch und den selbstgemachten Käse verkaufte, kam er stets mit einem dicken Geldbeutel zurück.

Urs wurde von Jahr zu Jahr reicher. Was ihm aber fehlte, war eine Frau, die dort oben auf der Alm mit ihm lebte. Und als er wieder einmal mit seinem Pferdefuhrwerk ins Tal fuhr, traf er Kathrine. Sie war eine Magd, und er

konnte sie gut leiden. „Sag mal“, sprach er sie an, „hast du nicht Lust, mit mir oben auf der Alm zu leben? Du kannst den Haushalt führen und die Kühe melken!“ Kathrine lachte. „Ich habe schon gehört, dass du ein reicher Mann geworden bist. Darum habe ich nichts dagegen, mit dir oben auf dem Berg zu wohnen. Ich komme mit!“

Kathrine packte ihre Sachen zusammen, verabschiedete sich von dem Bauern, bei dem sie arbeitete, und zog mit Urs den Berg hinauf zu seiner Alm. Oben angekommen, staunte sie über die Pracht. „Wie groß deine Hütte ist! Und wie gesund und kräftig sehen deine Kühe aus!“ Sie lief ins Haus und sah sich alles genau an. Mit leuchtenden Augen kam sie wieder heraus. „Hier kann man gut leben, lieber Urs. Es wird uns gut gehen hier auf der Blümlisalp!“

Die beiden hatten alles, was man braucht, um glücklich zu sein. Aber bald genügte Kathrine das bescheidene Leben nicht mehr. „Der Metzger unten im Tal, der hat ein wundervolles Haus aus Stein gebaut“, sagte sie. „Warum haben wir nur eine Hütte?“ Urs nickte. „Du hast recht, Kathrine. Was der Metzger hat, das können wir auch haben!“ So kaufte er in der nächsten Stadt Steine und Mörtel und baute ein großes Haus.

Doch schon nach ein paar Wochen war Kathrine auch damit nicht mehr zufrieden. „Wie alt und schäbig sind doch unsere Möbel! Der Herr Bürgermeister besitzt ein So-

fa, das so weich ist wie eine Wolke. Mit Samt ist es überzogen, und die Kissen sind aus Seide!“

Also kaufte Urs ein Sofa mit Samt und Seide und dazu noch einige Stühle, die mit silbernen Nägeln beschlagen waren.

Eine Weile war Katherine zufrieden. Dann begann sie wieder zu schimpfen. „Es ist so langweilig hier oben auf der Alm. In der Stadt unten, da ist viel mehr los!“ „Das stimmt, Kathrine“, sagte Urs. „Wir brauchen hier mehr Luxus und Abwechslung! Schließlich sind wir reiche Leute!“ Er ging in die Scheune und kam mit einer ganzen Kiste großer gelber Käselaibe heraus. Die legte er ins Haus als Treppenstufen. Mit Butter verstrich er die Ritzen. Darüber gingen nun die beiden, wenn sie im Haus von unten nach oben oder von oben nach unten wollten. Und wurde die Treppe schmutzig, so wusch Urs sie mit der Milch seiner Kühe sauber. Hatte er ein schlechtes Gewissen, dass er die kostbaren Lebensmittel verschwendete? Nein, das hatte er nicht.

Eines Tages kam seine alte Mutter den Berg hinauf. An Krücken musste sie gehen, und nur mühsam schaffte sie es, die Alm zu erreichen. Aber sie hatte Sehnsucht nach ihrem Sohn, darum nahm sie den beschwerlichen Aufstieg auf sich.

Erst wusste sie nicht, ob hier wirklich ihr Sohn lebte. Wo war denn seine Hütte geblieben? Und wem gehörte das

teure Haus? Sie klopfte zaghaft an die Tür. Ihr Sohn öffnete. „Was willst du hier?“, fragte er. „Dich besuchen will ich“, gab die Alte zurück. „Wir haben uns so lange nicht gesehen. Aber gib mir zuerst etwas zu trinken! Es war ein weiter und steiler Weg den Berg hinauf.“

Er ließ sie an der Tür stehen und ging ins Haus zurück. „Meine Mutter steht draußen. Sie hat Durst.“ Kathrine kicherte. „Dann gib ihr etwas zu trinken“. Sie reichte ihm einen Krug mit verdorbener Milch, die schon ganz sauer

war. „Das ist gut genug für die Alte!“ Urs schenkte daraus ein Glas ein und brachte es seiner Mutter. „Da, trink, und dann geh wieder nach Hause!“

Seine Mutter sah an ihm vorbei ins Haus und bemerkte die Treppe aus Käselaiben, über die gerade Kathrine mit schmutzigen Schuhen nach oben lief. Dann nahm sie einen Schluck von der sauren Milch. Zornig schüttete sie den Becher aus und rief: „Du hast es nicht verdient, hier oben glücklich zu leben! Du weißt nichts mehr zu schätzen!“ Dann drehte sie sich um. Aber bevor sie ging, sprach sie: „Gott soll euch strafen für euren Hochmut! Eis soll auf eure Alm regnen und alles unter sich begraben. Nichts soll übrig bleiben von der schönen, fruchtbaren Blümlisalp.“ Mit diesen Worten ging sie fort.

Es dauerte nicht lange, als sich am Himmel schwarze Wolken zusammenballten. Die Luft wurde eiskalt. Plötzlich stürzten mächtige Eisbrocken von den Gipfeln der hohen Berge. Krachend begruben sie die Alm unter sich.

Heute ist die Blümlisalp ein kalter Gletscher aus Eis und Schnee, und nichts erinnert mehr daran, wie schön es früher einmal dort oben auf dem Berg gewesen ist.

Der Kobold in der Mühle

In der Stadt Rinteln an der Weser in Niedersachsen lebten zwei Studenten. Eines Tages war das Wetter so schön, dass sie beschlossen, ein wenig zu wandern. „Wandern ist gesund", meinte der eine. „Beim Wandern lernt man Leute kennen", gab der andere zurück. So steckten sie ihre Füße in derbe Schuhe, mit denen sie gut marschieren konnten, und zogen los. Sanft erhob sich vor ihren Augen das Wesergebirge. Die Sonne schien und die Vögel zwitscherten. Tüchtig schritten die beiden voran. Ihr Ziel war die Stadt Bückeburg. Dort wollten sie sich das prachtvolle Schloss ansehen.

Doch plötzlich verschwand die Sonne hinter grauen Wolken. Ein kühles Lüftchen erhob sich und ein paar Regentropfen fielen den Studenten auf die Nase. Es dauerte nicht lange, da war aus den Tropfen ein kräftiger Regen geworden. „Bis Bückeburg ist es noch eine ganze Weile", meinte der eine. „Wenn wir dort angekommen sind, haben wir keinen trockenen Faden mehr am Leib." „Recht hast du", sagte der andere. „Wir suchen uns einen trockenen Ort".

In einiger Entfernung sahen sie eine Mühle. Sie hofften, dass sie dort Unterschlupf finden könnten, bis der Regen vorüber war, und klopften an. Ein mürrisches Gesicht erschien an der Tür. „Was wollt ihr?" „Wir suchen Schutz vor dem Regen, der uns in den Kragen kriecht", meinte der eine Student. „Und vielleicht gibt es ja auch eine Kleinigkeit zu essen", sagte der zweite. „Uns knurrt der Magen". Der Müller schüttelte den Kopf. „Zu essen, das sage ich euch gleich, gibt es bei mir nichts! Aber meinetwegen kommt herein." Die beiden jungen Männer zuckten mit den Schultern und traten ein. Aber wie wunderten sie sich, als sie auf einem Tisch eine herzhafte Mahlzeit stehen sahen! Obst und Schinken, Käse und Brot lachten sie an. Und auch eine Kanne mit Bier schien auf sie zu warten. Sofort wollten sie sich an den Tisch setzen und die Köstlichkeiten genießen. Aber der Müller hatte kein Erbarmen. „Das ist nicht für euch bestimmt. Diese Speisen bekommt

der Kobold und sonst niemand!“ Enttäuscht ließen die beiden Studenten das köstliche Essen stehen.

Stunde um Stunde saßen sie am Fenster der Mühle und sahen hinaus in den strömenden Regen. Für heute würde es nichts mehr werden mit dem Weiterwandern. „Können wir bei dir übernachten?“, fragten sie den Müller. „Es wird schon dunkel, und heute können wir nicht mehr weiter!“ Der Müller zeigte auf eine harte Holzbank. „Dort könnt ihr schlafen.“ Bevor er das Zimmer verließ, gab er ihnen noch einen Rat: „Rührt nichts von dem Essen an, auch wenn ihr noch so hungrig seid! In der Nacht geistert hier ein Kobold herum. Er macht tüchtig Krach, aber kümmert euch nicht um ihn!“ „Und wenn wir uns nur ein kleines Stück vom Brot nähmen …“, meinte der eine junge Mann. „Keinen Krümel nehmt ihr, wenn euch das Leben lieb ist!“, rief der Müller. „Mit dem Geist ist nicht zu spaßen!“ Mit diesen Worten verließ er das Zimmer.

Die beiden Studenten legten sich auf die harte Bank und versuchten zu schlafen. Plötzlich war in der Dunkelheit ein grollendes Geräusch zu hören. Erschrocken fuhr einer der jungen Männer hoch. „Hast du das gehört? Der Kobold kommt uns holen!“ Der andere kicherte. „Das war nicht der Kobold, das war mein Magen! Er knurrt vor Hunger!“

Wenig später waren in dem Zimmer schleichende Schritte zu vernehmen. Das war wieder der hungrige Stu-

dent. Er ging zum Tisch, nahm ein Weinträubchen und ein Stück Käse. Dann setzte er sich und ließ es sich so richtig schmecken. Zum Schluss nahm er noch einen kräftigen Zug vom schäumenden Bier und legte sich zurück auf seine Schlafbank. Eine Weile war Ruhe. Dann hörte man wieder leise Schritte. Der junge Mann war noch immer durstig. Er setzte das Glas an den Mund und trank einen tiefen Zug. Nur einen kleinen Rest ließ er übrig. Nun herrschte Ruhe in der Mühle.

Doch genau um Mitternacht öffnete sich quietschend die Tür. Ein ohrenbetäubender Lärm begann. Es krachte und polterte, es zischte und schnaufte und rumpelte. Vor Schreck wie gelähmt lagen die beiden Studenten auf ihrer Bank. Der Kobold war gekommen. Sie hörten, wie der Geist den Stuhl rückte, sich an der Tisch setzte und den Teller zu sich heranzog. Dann ein Scharren: der Teller wurde auf der Tischplatte zurückgeschoben. Wieder ein Scharren: der Geist zog das Bierglas zu sich heran. Krachend landete es wieder auf dem Tisch. Der Stuhl wurde zurückgeschoben. Der Kobold stand auf.

Nun hörten die beiden Gäste, wie der Geist zu putzen begann. Er wischte den Tisch ab und fegte den Boden. Dann wendete er sich der Bank zu, auf der die jungen Männer lagen. Dem einen strich er freundlich übers Haar, den anderen aber packte er an den Füßen und riss ihn von der Bank. Es war derjenige, der von dem Essen genommen

hatte. Der Kobold zog ihn auf dem Boden hin und her, gab ihm ein paar derbe Ohrfeigen und ließ ihn endlich liegen. Dann hörte man ein höhnisches Lachen. Mit Müh und Not kroch der Student zu seinem Schlafplatz zurück. Einige Minuten war Stille. Dann begann der Spuk von Neuem.

Der Kobold wischte und wienerte und fegte. Dann zog er den Studenten wieder zu Boden. Und wieder war das geisterhafte Lachen zu hören. Der junge Mann, dem so übel mitgespielt wurde, fand unter der Bank einen Knüppel aus Holz und schwang ihn drohend über dem Kopf. „Zeig dich, du Ungeheuer, und stell dich dem Kampf!“ Doch der Kobold lachte ihn nur aus und versetzte ihm einen kräftigen Knuff.

In diesem Moment schimmerte das erste Tagesdämmerlicht durch das kleine Mühlenfenster. Es wurde still in dem Zimmer. Draußen krähte ein Hahn. Der Spuk war vorüber. Die beiden Studenten packten eilig ihre Sachen zusammen und machten, dass sie fortkamen aus der geisterhaften Mühle.

Die Loreley

Viele Sagen ranken sich um einen Felsen aus schwarzem Schiefergestein, der sich am Ufer des Rheins erhebt. Man nennt ihn den Loreley-Felsen.

Oben auf seiner Spitze, so erzählt man sich, zeigte sich früher von Zeit zu Zeit eine wunderschöne Nixe. Sie saß dort in einem langen weißen Kleid, kämmte sich ihr goldenes Haar und sang mit so süßer Stimme, dass jeder ganz wehmütig wurde. Für die Schiffer, die mit ihren Kähnen den Rhein entlang schipperten, war das eine große Gefahr. Sie hatten nur Augen für die schöne Loreley und nur Ohren für ihren süßen Gesang, sodass sie alles um sich herum vergaßen. Sie achteten nicht auf die starke Strömung, und so manches Schiff ist schon an dem schwarzen Felsen zerschellt.

Einst soll auch der Teufel mit einem Schiff über den Rhein gefahren sein. Sein Schiff war aber so breit, dass es

an dem Loreley-Felsen nicht vorbeikam. Der Fluss war an dieser Stelle zu eng. Der Teufel stieg an Land und wollte die Durchfahrt vergrößern. Er stemmte seinen Rücken gegen das Schiefergestein und versuchte den gegenüberliegenden Berg fortzuschieben. Er zog und stieß und rüttelte, aber der Berg blieb wo er war. Als der Teufel sich so plagte, hörte er plötzlich einen wunderbaren Gesang. Er blickte nach oben und sah, wie dort die Loreley mit wehendem Haar stand und die Arme nach ihm ausstreckte. Ihm wurde ganz seltsam zumute. Aber er wusste, dass sie auch ihm, so wie den Menschen, gefährlich werden konnte. So blieb er reglos stehen, den Rücken an den Felsen gedrückt, bis die Loreley ihr Lied beendet hatte. Dann lief er schnell davon. An dieser Stelle soll noch heute die Gestalt des Teufels zu sehen sein, eingebrannt in den schwarzen Schiefer.

Die Geschichte von der schönen Loreley und ihrem betörenden Gesang sprach sich im ganzen Land herum. Auch ein junger Graf hörte davon. Und er machte sich mit einigen Freunden auf, um ihre Liebe zu gewinnen. Am Abend, als die ersten Sterne über dem steilen schwarzen Felsen aufgegangen waren, kamen sie mit ihrem Schiff am Felsen an. Tatsächlich sahen sie die liebliche Loreley dort sitzen und ihr Lied singen. „Legt an, bringt das Boot an Land!“, rief der Graf. Aber auch seine Freunde waren von der Erscheinung verzaubert. Sie starrten nach oben und vergaßen zu rudern. Das Schiff trieb am Felsen vorbei. Erst als die Freunde des

Grafen das liebliche Mädchen nicht mehr sahen und hörten, griffen sie wieder ihre Ruder und wollten schnell die gefährliche Stelle verlassen. Aber der junge Graf war so betört, dass er die Gefahr nicht erkannte. „Ich muss zu ihr!“, rief er und sprang über Bord. Man sah ihn nie wieder.

Nachdem die Freunde heimgekehrt waren, berichteten sie dem alten Grafen davon, dass sein Sohn verschwunden sei. „Das war die schreckliche Loreley!“, schrie der Graf. „Sie wird es mir büßen!“ Mit einigen mutigen Soldaten machte er sich auf den Weg den Rhein hinab. Am Felsen der Loreley verließ er das Boot und begann emporzuklettern. Dort sah er sie im Mondschein sitzen und ihr Haar kämmen. „Du bringst die Seeleute ins Unglück und hast auch meinen Sohn ins Verderben gestürzt“, rief er ihr zu. „Dafür erhältst du nun die gerechte Strafe!“ Schon wollte er sie den Felsen hinabstürzen. Loreley stand auf und rief, dass es weit über den Rhein schallte: „Mein Vater, geschwind! Schick wilde Rosse deinem Kind! Ich will reiten mit Wogen und Wind!“ Da erhoben sich aus dem Fluss hohe Wellen. Sie umschlangen die Loreley und trugen sie fort in den Rhein, wo ihr Vater auf sie wartete. Seitdem ist sie nicht mehr zu sehen. Ihren Namen trägt der Felsen aber noch immer.

König Laurins Rosengarten

Im Dolomitengebirge in Südtirol erhebt sich ein großer Felsen, der Rosengarten genannt wird. Am frühen Morgen, wenn die Sonne aufgeht, und am Abend, bevor sie untergeht, sieht der schroffe Stein aus, als würde er glühen. Viele Menschen kommen, um sich dieses wunderschöne Bild anzusehen.

Vor vielen hundert Jahren, so erzählt man sich, lebte Laurin, der Zwergenkönig, an diesem Ort. Tief im Berg lag sein prächtiger Palast, gebaut aus feinstem Kristall. Seine Untertanen gruben und hackten aus dem harten Gestein Silber, Gold und Edelsteine. Der ganze Stolz des Königs war sein Garten oben auf dem Felsen. Hunderte roter, duftender Rosen blühten darin. Anstatt eines Zauns

hatte Laurin einen seidenen Faden um seinen Garten gespannt. Niemand durfte ihn betreten, sonst wäre es ihm schlecht ergangen.

Eines Tages hörte Laurin, dass der König des Menschenreichs die edlen jungen Männer aus der Umgebung zu einem Turnier eingeladen hatte. Der Sieger des Wettkampfs sollte die Hand seiner schönen Tochter Similde erlangen. Alle hatten eine Einladung bekommen – nur Laurin nicht. Das machte den Zwergenkönig zornig. Und er beschloss, die schöne Königstochter auf andere Weise zu gewinnen.

Als der Tag des Turniers gekommen war, zog sich Laurin seine Tarnkappe über den Kopf. Sie machte ihn unsichtbar. So ritt er, ohne dass jemand es sah, zu dem Platz, an dem der Wettkampf stattfinden sollte.

Sieben Tage lang dauerten die Kampfspiele. Endlich war der letzte Tag gekommen. Zwei junge Ritter standen sich gegenüber. Ihre Namen waren Hartwig und Wittich. Wer von ihnen diesen Kampf gewann, würde die Prinzessin zur Frau bekommen. Lächelnd stand Similde neben dem Kampfplatz und wartete darauf, wer der Sieger würde. Doch plötzlich, von einer Sekunde zur anderen, war die Stelle leer, wo sie eben noch gestanden hatte. Der König und alle Gäste des Turniers waren in heller Aufregung: „Wo ist Similde?“ „Was ist geschehen?“

Laurin, der Zwergenkönig, hatte die Prinzessin gesehen und sich auf der Stelle in sie verliebt. Ohne dass man

ihn sah, ritt er nah an sie heran und zog sie zu sich auf sein Pferd. Mit donnernden Hufen galoppierte er zurück in die Berge.

Kaum hatten sie bemerkt, dass sie verschwunden war, beschlossen die beiden Ritter Hartwig und Wittich, Simil-

de zurückzuerobern. Sie baten den berühmten Kämpfer Dietrich von Bern um seine Hilfe. Zusammen mit ihm und einigen anderen tapferen Rittern machten sie sich auf, um die Prinzessin aus Laurins Reich zu befreien.

Lange ritten sie bergauf. Endlich kamen sie an dem wunderbaren Rosengarten an. „Hier lebt der Zwergenkönig", rief Wittich. Er stürmte mit gezogenem Schwert voran. Dabei zerriss er den seidenen Faden, der um den Garten gespannt war. Einige der Rosen zerknickten unter seinen Füßen. Schon kam Laurin angeritten und stellte ihn zur Rede. „Was erlaubst du dir, meinen Garten zu betreten?" Er zog sein Schwert und wollte auf Wittich einschlagen. Da trat Dietrich von Bern dazwischen. „Wenn du kämpfen willst", rief er, „dann nimm es mit mir auf!" Es begann ein wilder Kampf. Hart klirrten die Schwerter aneinander. Laurin hatte einen Zaubergürtel umgelegt, der ihm die Stärke von zwölf Männern verlieh. Trotzdem schaffte es Dietrich, den Gegner in die Enge zu treiben. Schnell setzte Laurin seine Tarnkappe auf und kämpfte nun, ohne dass Dietrich ihn sehen konnte. So war es unmöglich, ihn zu besiegen. Dietrichs Schwert schlug ins Leere. Da rief einer von Dietrichs Getreuen: „Achte auf die Rosen! Sie zeigen dir, wo er gerade steht!" Dietrich sah, wo sich die Blätter und die Blüten bewegten. Dort lief Laurin umher. Er eilte auf ihn zu und es gelang ihm, den Zaubergürtel zu fassen. Er zerriss ihn, und Laurins

übermächtige Kraft war gebannt. Dann nahm er ihm auch seine Tarnkappe und die Waffen ab und fesselte ihn. Ohne Tarnkappe und Zaubergürtel war der Zwergenkönig machtlos.

In diesem Moment trat Similde aus einem Spalt im Felsen. „Bestraft Laurin nicht“, bat sie. „Er war freundlich und hat mir nichts getan. Schließt Frieden mit ihm!“ Da reichte Dietrich von Bern dem Zwergenkönig die Hand. „Lass uns Freunde werden“, sagte er und nahm ihm die Ketten ab. Laurin bedankte sich höflich. „Seid meine Gäste unten in meinem Felsenschloss“, bot er an. „Ich werde euch gut bewirten, euch soll es an nichts fehlen!“ Der Berg öffnete sich, und die Ritter stiegen hinab in Laurins Reich. Sie kamen in einen großen Saal, in dem eine lange Tafel gedeckt war. Sie setzten sich. Zwerge brachten die köstlichsten Speisen und bewirteten sie freundlich. Doch als es Nacht wurde, überfielen die heimtückischen Zwerge ihre Gäste. Mit höhnischem Lachen legten sie die edlen Ritter in Ketten. Laurins Einladung war eine List gewesen.

Dietrich von Bern war darüber so wütend, dass er unbändige Kräfte bekam. Es gelang ihm, seine Fesseln zu zerreißen und auch seine Gefährten zu befreien. Sie nahmen die bösen Zwerge und auch ihren König gefangen. Die Ritter trieben ihn durch sein unterirdisches Reich, bis sie oben beim Garten angekommen waren. Er sollte nach

Bern gebracht werden und dort bis an sein Lebensende im Gefängnis bleiben.

Voller Wut blickte Laurin auf seine Rosen. „Ihr Blumen habt mich verraten!“, rief er. „Ihr habt meinen Feinden gezeigt, wo ich mich im Kampf bewegt habe!“ Dann sprach er einen Fluch über sie aus: „Niemals mehr soll ein Mensch euch sehen können, weder bei Tag noch bei Nacht!“ Er hatte aber vergessen, dass es auch noch die Dämmerung gibt. Darum kann man noch heute in den Morgenstunden und am frühen Abend Laurins Rosengarten sehen, wie er in roter Pracht leuchtet.

Till Eulenspiegels Streiche

Jeder hat wohl schon einmal von Till Eulenspiegel gehört, dem lustigen und klugen Narren, der die Menschen so gern an der Nase herumführte. In Kneitlingen in Niedersachsen soll er vor vielen hundert Jahren zur Welt gekommen sein, und sein Schabernack ist in der ganzen Welt bekannt.

Als er noch ein Junge war, spannte Till eines Tages ein Seil vom Dachboden seines Elternhauses zum Haus nebenan. Mit sicheren Schritten lief er darüber, denn er hatte das schon oft geübt. Seiner Mutter gefiel das gar nicht. Sie hatte Angst, dass ihr Till hinunterstürzen und sich wehtun könnte. Till aber lachte nur und vollführte da oben die lustigsten Kapriolen.

Aber was sind schon solche Vorführungen ohne Zuschauer? So stellte sich Till kerzengerade auf das Seil und winkte mit den Armen: „He, Leute, kommt und seht mir zu! Ihr erlebt nun ein ganz besonderes Kunststück!“ Die Menschen, die vorbeikamen, blickten neugierig nach oben. Was der Till wohl vorhatte in luftiger Höhe? Sie reckten die Köpfe nach oben und warteten ab. Da verbeugte sich Till und rief nach unten: „Verehrte Zuschauer, für dieses ganz besondere Kunststück brauche ich eure Hilfe. Zieht alle euren linken Schuh aus!“ Die Leute sahen sich ratlos an. Was wollte der Junge denn bloß mit ihren Schuhen? Aber sie taten es, denn sie waren neugierig und wollten wissen, was nun wohl passieren würde.

Als alle Schuhe auf einem Haufen lagen, kam Till von seinem Seil herab, band die Schuhe mit einem Faden zusammen und kletterte mit ihnen flink wie ein kleiner Affe wieder hinauf.

Oben lief er auf dem Seil hin und her, tanzte auf einem Bein, sprang hoch in die Luft und landete doch sicher auf seinen Füßen. Dann verbeugte er sich wieder, zog eine Schere aus seiner Tasche und schnitt blitzschnell den Faden durch, mit dem er die Schuhe zusammengeknotet hatte. Alle Schuhe purzelten durcheinander auf die Erde. Die Zuschauer stürzten sich auf den Haufen Schuhe und versuchten, die wiederzufinden, die ihnen gehörten. Denn was ist ein rechter ohne den linken Schuh? Sie wühlten

und zerrten und gruben in dem Berg herum, und bald begannen sie sich zu streiten: „Geh weg da, das ist mein Schuh!“ „Nein, das ist meiner, nimm doch den da!“ Bald war eine wilde Prügelei im Gange. Till aber saß gemütlich oben auf seinem Seil und ließ die Beine baumeln. Lachend rief er: „Habt ihr denn schon einmal so ein kunstvolles Kunststück gesehen? Und ihr seid dabei die Hauptdarsteller!“ Dann verschwand er schnell im Haus. Die Menschen, die noch immer nach ihren Schuhe suchten, riefen: „Das machst du nicht noch einmal mit uns, Till!“ Noch lange hörten sie im Haus sein Lachen und Kichern.

Als Till größer geworden war, zog er in die Welt hinaus, denn das Städtchen Kneitlingen war ihm zu eng geworden. Einmal kam er in die Stadt Erfurt in Thüringen. Dort gab es eine berühmte Universität. Er nahm Papier und Stift und schrieb: „Ich bin ein berühmter Gelehrter und kann alle Aufgaben erfüllen, die es auf der Welt gibt.“ Diesen Zettel klebte er an das Tor der Universität.

Es dauerte nicht lange, da ließ ihn der Rektor der Universität zu sich rufen. „Ich habe gelesen, dass du alle Aufgaben erfüllen kannst, die man dir stellt. Ist das wahr, Till Eulenspiegel?“ „O ja, natürlich“, antworte Till. „Stell mich nur auf die Probe!“ „Hm“, sagte der Rektor. „Könntest du denn auch, zum Beispiel, einem Esel das Lesen beibringen?“ „Nichts leichter als das“, meinte Till. Man brachte ihm einen Esel, er nahm ihn an die Leine und führte ihn

in den Stall der Herberge, in der er wohnte. Dann legte er ein Buch in die Futterkrippe. Zwischen die Seiten streute er Haferkörner. Denn Hafer, das wusste er, fressen Esel sehr gern.

Der Esel schnupperte in den Seiten des Buches herum. Er roch das leckere Getreide und blätterte mit seiner Schnauze eine Seite nach der anderen um, um an die

Körner zu kommen. Zwischen einigen Seiten fand er aber keinen Hafer. Dann rief er jedes Mal ganz enttäuscht: „Iaaa-h“. „Gut gemacht“, lachte Till und ging zum Rektor der Universität. „Komm mit und überzeug dich, dass ich die Aufgabe bereits gelöst habe“, sagte er. Verwundert sah der gelehrte Mann ihn an. „Das ist doch nicht möglich!“, rief er. „Das will ich sehen. Sofort!“ Er ging mit Till zum Stall. „Nun zeig, was dein Schüler gelernt hat!“, befahl er.

Till hatte dem Esel den ganzen Tag nichts zu fressen gegeben. Als er nun das Buch ins Heu legte, stürzte sich das hungrige Tier darauf und begann mit seiner Schnauze die Seiten umzublättern. Doch kein Hafer war zu finden. „Iaaa-h“, rief der Esel, und wieder „Iaaa-h!“ „Was sagst du nun?“, rief Till. „Die beiden Buchstaben I und A hat er schon gelernt!“ Der Rektor sah ihn erstaunt an. „Du bist wirklich ein guter Lehrer“, meinte er. „Diese Aufgabe hast du sehr gut bestanden!“ Und er belohnte Till mit vielen goldenen Talern.

Heinrich der Löwe

Mit lockiger Mähne und spitzen Zähnen im geöffneten Maul begrüßt ein riesiger Löwe aus Bronze die Besucher, die nach Braunschweig kommen. Er ist das Wahrzeichen der Stadt. Ein Herzog namens Heinrich ließ das Denkmal vor fast neunhundert Jahren errichten. Wie es dazu kam, erzählt diese Sage.

Als Heinrich noch ein junger Mann war, zog er in die Welt hinaus, um Abenteuer zu erleben. „Vergiss mich nicht", sagte er zu Mathilde, seiner Verlobten. „In sieben Jahren werde ich zurück sein!" Zusammen mit einigen seiner Getreuen bestieg er ein Segelschiff, das sie übers weite Meer bringen sollte. Das Wetter war gut, ein frischer Wind trieb das Schiff munter voran. Doch plötzlich wurde der Wind stärker. Er pfiff in die Segel, dass die Taue ächzten. Er ließ die Wogen hoch aufsteigen und über die Bordwand

spritzen. Nur mit Mühe konnten die Männer verhindern, dass das Schiff sank.

Endlich war der Sturm vorüber. Aber wo befanden sie sich? Kein Land war in Sicht. Sie hatten sich auf dem weiten Ozean verirrt.

Viele glühend heiße Tage und eiskalte Nächte trieb das Schiff so dahin. Der Vorrat an Wasser, Fleisch und Zwieback

wurde weniger und weniger. Und endlich war er ganz aufgebraucht. Hunger quälte die Mannschaft. Die Freunde des Herzogs sprachen eines Morgens zu ihm: „Es ist nicht sicher, dass wir irgendwann wieder etwas zu essen bekommen und festes Land unter den Füßen spüren werden. Dich, Heinrich, möchten wir aber retten!“ Sie nahmen das Fell eines Ochsen, den sie vor vielen Tagen verspeist hatten. Dahinein wickelten sie den Herzog mitsamt seinem Schwert. „Wir wünschen dir Glück“, sagten sie. „Möge das Schicksal dir helfen!“

Es dauerte nicht lange, da kam ein riesiger Vogel angeflogen. Seine großen, kräftigen Klauen packten die Ochsenhaut und trugen sie fort übers weite Meer. Mit rauschenden Schwingen brauste er zum Ufer und ließ das Bündel als Futter für seine Jungen in sein Nest fallen. Dann schwang er sich wieder in die Luft, um neue Beute zu holen.

Mit seinem Schwert zerschnitt Heinrich das Leder, das ihn umgab. Als die Vogelkinder ihn sahen, fielen sie gierig über ihn her. Heinrich konnte sie abwehren und kletterte schnell vom Baum. Unten angekommen, befand er sich in einem dichten Wald. Er fasste sein Schwert fester und machte sich auf, um den Ausgang aus der Wildnis zu finden.

Da hörte er ein furchtbares Brüllen und Fauchen. Als er näher kam, sah er einen Drachen und einen Löwen, die miteinander kämpften. Der Drache war größer und stärker als sein Gegner, und fast hätte er den Löwen zur Strecke gebracht. Schon öffnete er sein riesiges Maul. Giftiger Dampf

stieg aus seinen Nüstern. Seine gespaltene Zunge zuckte dem Löwen entgegen. Heinrich hob sein Schwert hoch in die Luft und stieß es dem Drachen in den Leib. Mit einem letzten Fauchen sank das Untier zu Boden. Der Löwe aber erhob sich und kam auf Heinrich zu. Dort legte er sich ihm sanft zu Füßen.

Viele Tage irrte Heinrich durch den Wald. Der Löwe begleitete ihn treu auf Schritt und Tritt. Endlich sah der Herzog das Meer vor sich. Mit seinem Schwert schlug er sich Bretter zurecht, verband sie mit Lianen, die im Urwald an den Bäumen wuchsen, und baute sich daraus ein Floß. Am frühen Morgen des nächsten Tages bestieg er es und legte ab. Den Löwen ließ er zurück.

Die Wellen trieben ihn schnell voran. Plötzlich hörte er hinter sich am Ufer ein Brüllen. Dort stand der Löwe. Heinrich sah, wie das Tier sich ins Meer stürzte und zu schwimmen begann. Nach einer Weile hatte er das Floß eingeholt. Er kroch hinauf und legte sich ruhig neben Heinrich nieder.

Viele Tage trieb das Floß auf den salzigen Wellen. Heinrich und der Löwe litten großen Hunger und Durst. Da hörte Heinrich eines Nachts eine Stimme an seinem Ohr. Es war die Stimme des Teufels. „Erinnerst du dich an Mathilde, deine Verlobte?“, fragte er. „Die sieben Jahre sind heute verstrichen. Am Abend heiratet sie einen fremden Fürsten.“ Verzweifelt hörte Heinrich diese Worte. Niemals

würde er rechtzeitig in seiner Heimat sein, um die Hochzeit zu verhindern. „Ich kann dir helfen", sprach der Teufel weiter. „Ich werde dich heute Abend nach Braunschweig bringen. Dort lege ich dich auf dem Giersberg nieder. Dann hole ich auch deinen Löwen. Während ich fort bin, darfst du aber nicht einschlafen. Treffe ich dich schlafend an, gehört deine Seele mir!" Der Herzog, der große Sehnsucht nach seiner Liebsten hatte, willigte ein.

Als es Abend wurde, griff der Teufel ihn mit seinen schwarzen Pratzen und trug ihn durch die Lüfte bis nach Braunschweig. Dort legte er ihn auf dem Berg nieder. „Nun bleib schön wach", rief er ihm mit höhnischem Lachen zu. Und schon war er fortgeflogen, um auch den Löwen nach Braunschweig zu holen.

Heinrich war von seinen Abenteuern so müde, dass er seine Augen nicht offen halten konnte. Er versuchte es mit aller Kraft, aber schon nach wenigen Minuten war er eingeschlafen. Als der Teufel mit dem Löwen zurückkehrte, sah er schon aus der Luft, dass der Herzog tief schlief. Seine Seele gehört mir, dachte er voller Freude. Doch der Löwe, den er in seinen Klauen trug, begann in diesem Moment zu brüllen. So laut brüllte er, dass Heinrich erwachte. Wütend setzte der Böse das Tier neben Heinrich ab und verschwand.

Heinrich aber machte sich auf den Weg zur Burg, wo die Hochzeit stattfinden sollte. Er kam am Tor an. „Was willst

du hier?", fragte ein Diener und sah ängstlich auf den Löwen. „Ich bin sehr durstig und bitte die Braut, ihr Glas mit Wein zu füllen und mir bringen zu lassen", sagte Heinrich. Der Diener schloss das Tor. Etwas später kam er mit Mathildes Glas zurück, gefüllt mit rotem Wein. Heinrich trank es aus und legte seinen goldenen Ring hinein. „Bring es nun der Braut zurück!", bat er den Diener.

Als Mathilde den Ring in ihrem Glas sah, erschrak sie. Diesen Ring kannte sie! Sie trat ans Fenster und sah zum Tor hinab. Dort erblickte sie einen Fremden, hinter dem ein Löwe saß. „Bring den Mann zu mir", befahl sie dem Diener. „Und den Löwen auch!"

Als Heinrich den Saal betrat, sah Mathilde ihn mit großen Augen an. Dann begann sie zu lächeln. Und dann warf sie sich glücklich in Heinrichs Arme. Endlich hatte sie ihren Heinrich wieder, auf den sie so lange gewartet hatte!

Die beiden feierten ein rauschendes Hochzeitsfest. Solange Heinrich lebte, begleitete der Löwe ihn auf Schritt und Tritt. Darum wurde der Herzog „Heinrich, der Löwe" genannt. Als er in hohem Alter gestorben war, legte sich der Löwe auf sein Grab und blieb dort bis zu seinem eigenen Tod.

Robin Hood

Im Sherwood Forest nahe der englischen Stadt Nottingham kann man noch heute uralte, mächtige Eichen bestaunen. Einige von ihnen sind mehrere hundert Jahre alt. Vielleicht standen sie schon hier, als sich Robin Hood mit seinen Freunden in diesem Wald versteckte. Im dreizehnten Jahrhundert, vor achthundert Jahren, soll das gewesen sein.

Robin und seine Eltern waren ihrem König Richard Löwenherz treu ergeben. Als der König in den Krieg ziehen musste, setzte er seinen Bruder Prinz Johann, den man Johann Ohneland nannte, als seinen Stellvertreter ein. Dieser regierte aber nicht so gerecht und edel wie sein Bruder. Er erfand neue Gesetze, die hart und unerbittlich waren. Viele Menschen mussten durch ihn leiden. So auch Robin und seine Familie. Robins Vater, ein Edelmann, war Förster und

Jäger im Sherwood Forest gewesen. Nun verlor er seine Anstellung. Doch seinen Sohn lehrte er, geschickt mit Pfeil und Bogen und auch dem Schwert umzugehen.

Als Robin sechzehn Jahre alt war, veranstaltete der Sheriff des Landes, Graf de Lacy, einen Wettbewerb im Bogenschießen. Die besten Schützen des Landes sollten ihre Kunst zeigen. Auch Robin und seinen Vater lud der Sheriff dazu ein. Doch er war fest davon überzeugt, dass sein Vertrauter, den man wegen seiner roten Haare Red Gill nannte, den Kampf gewinnen würde.

Robins Vater fügte sich und machte sich mit seinem Sohn auf den Weg zum Wettkampf. Wie hätte er auch dem mächtigen Mann widersprechen können?

Den ganzen Tag dauerte das Turnier. Viele Schützen hatten bereits ihren Schuss abgegeben. Nun waren noch drei übrig geblieben, die besten von allen. Es waren Robin, sein Vater und Red Gill. Aus hundert Schritten Entfernung sollten sie auf die Scheibe schießen.

Red Gill begann. Er hob den Bogen und zielte. Der Pfeil schwirrte durch die Luft und traf den Rand des Kreises in der Mitte. „Ein guter Schuss“, rief Sheriff de Lacy. „Nun zeig du dein Können!“ Dabei zeigte er auf Robins Vater. Der Edelmann zog einen Pfeil aus dem Köcher und zielte. Schnurgerade flog der Pfeil auf die Zielscheibe zu und blieb genau in der Mitte stecken. Die Zuschauer klatschten begeistert Beifall. „Einen solchen Schuss hat die Welt noch

nicht gesehen!“, wunderten sie sich. „Sogar noch besser als der von Red Gill!“

Als Letzter spannte Robin seinen Bogen. „Viel Glück!“, flüsterte ihm sein Vater zu. Robin nickte. Er zielte lange und sorgfältig. Dann ließ er die Sehne vorschnellen. Gespannt verfolgten die Zuschauer den Flug des Pfeils. Begeistert sprangen sie von ihren Sitzen. „Das gibt’s doch nicht!“, schrien sie. „Bravo, Robin!“ Robins Pfeil hatte ebenfalls ins Schwarze getroffen und den Pfeil seines Vaters genau in der Mitte gespalten.

Die Königin hatte dem Wettschießen gespannt zugesehen. Nun überreichte sie Robin einen kostbaren Pokal als Preis für seinen Sieg.

Der Sheriff von Nottingham ließ die beiden zu sich rufen. „Ihr habt gezeigt, dass ihr gute Schützen seid“, sagte er zu Robins Vater. „Aber gerade deshalb seid ihr eine Gefahr für unser Land. Denn wer weiß, ob ihr nicht heimlich Jagd auf das Wild unseres Königs macht?“ Robin und sein Vater sahen sich an. Nie hätten sie das getan. Der Sheriff sprach weiter: „Darum befehle ich euch, aus diesem Land zu verschwinden. Kommt nie wieder zurück! Und solltet ihr euch meinem Befehl widersetzen, werdet ihr das mit eurem Leben bezahlen!“

Am Abend kehrten die beiden nach Hause zurück. Schweigend ritten sie durch den dunklen Wald. „Ich werde mich dem Befehl des Sheriffs nicht beugen“, sagte Robin leise. „Ich bleibe hier und werde mich wehren“. Der Vater nickte. „Wäre ich jünger, würde ich genauso handeln wie du. Aber ich bin zu alt und zu müde, um gegen die finsteren Leute des Sheriffs anzukämpfen. Ich werde mit deiner Mutter das Land verlassen und irgendwo anders eine Heimat finden.“ Er legte seine Hand auf Robins Schulter. „Entscheide selbst, was für dich richtig ist!“ „Hier im Sherwood Forest“, meinte Robin, „werde ich von nun an leben und gegen die Ungerechtigkeit kämpfen. Wünsch mir Glück, Vater!“ Der Alte nickte. „Pass gut auf dich auf, mein Sohn!“ Mit diesen Worten wendete er sein Pferd und ritt durch den Wald seinem Haus zu.

Robin aber lebte von diesem Tag an im Sherwood Forest. Das weiche Moos war sein Bett, die Zweige der alten Eichen seine Decke. Sein einziger Gefährte war Muck, der Knecht seines Vaters, der sich eines Tages im dichten Wald auf die Suche nach Robin gemacht und ihn tatsächlich gefunden hatte. Eines Morgens stand ein bärenstarker Kerl auf einer Lichtung. „He, Robin Hood, wo bist du? Ich will an deiner Seite kämpfen!“, rief er in den dichten Wald hinein. Robin kam aus seinem Versteck und reichte ihm die Hand. „Willkommen! Tapfere Leute kann ich gebrauchen! Wie ist dein Name?“ „Man nennt mich kleiner John“, gab der riesige Mann zurück. Lachend legte Robin seinen Arm um Johns Schulter. Denn dieser Name für einen so großen und schweren Menschen – das war doch zu lustig. Drei Brüder, deren Haus von den Leuten des Sheriffs niedergebrannt worden war, schlossen sich nach kurzer Zeit den Männern an. Und auch Tuck kam hinzu, ein Mönch, der ebenfalls nicht auf der Seite des Sheriffs und seiner üblen Helfer stand und deswegen von ihnen verfolgt wurde. Es dauerte nicht lange, da kamen immer mehr Männer zu Robin in den Wald. An seiner Seite wollten sie für Gerechtigkeit im Land kämpfen.

Grün wie die Blätter der alten Eichen waren sie gekleidet, so waren sie kaum zu sehen. Traute sich ein Helfer des Sheriffs in den Wald, so wurde er vom Pferd gezogen, musste Schmuck und Geld abgeben und konnte froh sein,

wenn er ohne Prügel den Sherwood Forest verlassen konnte. Das Geld, das Robins Getreue so einsammelten, gaben sie den Armen, denen Sheriff de Lacy alles genommen hatte. Bald sprach sich im ganzen Land herum, dass im Sherwood Forest eine Gruppe von Männern hauste, die die Reichen und Mächtigen bekämpfte und den Armen half.

Nach einem harten, eiskalten Winter wurde es endlich wieder Frühling. Robin und seine Gefährten streiften durch den dichten Wald, als sie plötzlich eine Stimme hörten: „Robin Hood, zeig dich!“ Robin spähte durch das dichte Gebüsch. Er sah einen Ritter auf einem Pferd, das Visier seiner Rüstung war heruntergeklappt. „Was willst du hier?“ fragte er und zog gleich seinen Bogen, um sich verteidigen zu können. „Nimm deinen Helm ab, damit wir dein Gesicht sehen können!“, rief Bruder Tuck, der neben Robin stand. Der Ritter zog den Helm vom Kopf. Es war König Richard, der früher das Land weise und gerecht regiert hatte. Endlich war er zurück aus der Fremde. Robin und seine Freunde neigten die Köpfe. „So lange haben wir auf eure Rückkehr gewartet“, sagte Robin. „England ist gerettet!“ Der König lächelte. „Ich wusste nicht, dass mein Bruder Johann das Land ins Unglück stürzen würde“, sagte er. „Du aber hast tapfer für die Freiheit gekämpft. Das will ich belohnen! Knie nieder!“ Robin beugte das Knie. Der König legte ihm sein Schwert auf die Schulter. „Hiermit schlage ich dich zum Ritter und ernenne dich zum Herzog. Ich weiß, dass du deine Macht nicht missbrauchen und die Menschen freundlich behandeln wirst! Sheriff de Lacy aber werde ich aus dem Land jagen.“ Robins Gefährten sprangen auf, und Jubel tönte durch den Wald. „Hoch lebe König Richard. Hoch lebe Robin Hood!“